樂律

CHILD PSYCHOLOGY

25個心理學奇招「放養」優秀孩子

躺平式父母

倒U型假說×延遲滿足×破窗效應×路徑依賴，
從環境影響到個人成長，讓孩子親身體驗「真實」的生活

金文 著

【羅森塔爾效應】被暗示優秀的學生，連智商都顯著提升
【南風效應】在暖日持續的照耀下，旅人最終脫掉了外套
【自然懲罰】不需要喝止孩子犯錯，但要讓他們承擔後果

善用心理學法則，打造孩子健康成長的最佳環境
引導自主、自信與多元發展，鋪就成功人生之路

目錄

目錄

自然懲罰法則　讓孩子對自己的行為負責

尊重法則　把孩子當成獨立的個體

延遲滿足　從小培養孩子的耐心

目 錄

破窗理論　給孩子一個好的環境

天賦遞減法則　教育孩子越早越好

超限效應　不要頻繁地指責孩子

目錄

目錄

序言
好父母要懂點心理學

有這樣一個教子故事：

8 歲的約翰上學時常常忘記帶午飯，每當這時，他就打電話要求媽媽到學校給自己送飯。約翰的媽媽是一位會計師，工作很繁忙，約翰的壞習慣使得她深受其害，經常被打斷工作不說，也極為耽誤時間。

為此，媽媽多次找約翰談話，但無論是苦口婆心說道理，還是氣極了打罵，收效都微乎其微。約翰照舊記不住帶飯。

很偶然的一次機會，約翰媽媽去聽教育指導專家的講課，聽到「自然懲罰法則」這一新的教育理念——「自然懲罰法則」的具體含義是：當孩子在行為上犯了錯誤時，父母應該讓孩子自己承擔錯誤直接造成的後果，給予孩子心理懲罰，使他們能夠正確理解自己的錯誤，進而自覺改正錯誤。

約翰媽媽決定試試這個方法，讓孩子自己嘗嘗錯誤的結果。於是，媽媽找到約翰談話，認真地告訴他：「約翰，媽媽覺得你已經長大了，有能力為自己的事情負責。媽媽工作很忙，不能總是幫你送飯到學校。如果你下次還是忘記帶飯，你應該自己對此負責。」

約翰答應得很痛快。但是第二天，約翰還是忘記帶飯了，他習慣性地又打電話給媽媽：「媽媽，我忘記帶飯了，您幫我送來好嗎？要不然我就得餓肚子了。」媽媽說：「我們已經說過了，約翰，你應該為自己的行為負責。媽媽很忙，沒空過去送飯。」

約翰繼續跟媽媽糾纏，但是這次媽媽很堅定。她很和藹但堅決地拒絕了約翰的要求。

約翰沒辦法，只好餓著肚子。整整一下午，約翰都在忍受飢餓的折磨。

晚上回到家的約翰很生氣，媽媽決定不安慰他，讓他自己好好想想。體驗到自己因不帶午飯而忍受飢腸轆轆的滋味，約翰雖然不是很開心，但在這之後，媽媽發現，約翰真的很少再忘記帶午飯了。

如果您也擁有一個像約翰那樣的搗蛋鬼，您會怎麼處理類似的情況呢？或者說您的寶貝更調皮，他總是喜歡摔壞玩具，還不愛閱讀，您又該怎麼辦呢？

解決方法很簡單：您只要一句話 —— 運用「自然懲罰法則」，鄭重其事地向他宣布一個月之內不再買新玩具給他，一個動作 —— 套用「狼性法則」，把他需要閱讀的圖書藏起來，吊足他們的好奇心就 OK 了。

其實，孩子的第一種「問題」行為背後都隱藏著某種心理需求，優秀的父母會根據孩子的心理特點，因勢利導地引導孩子對事物產生興趣或改正缺點，就像近現代教育家陳鶴琴所說的：「家庭教育必需根據兒童的心理始能行之得當……整體而言，他們是好遊嬉的、好奇的、好群的、好模仿的、喜歡野外生活的、喜歡成功的、喜歡別人讚許他的。」而打罵和強迫孩子，無疑是最蠢笨的教育方式。

作為父母，我們愛孩子，但我們更應該懂孩子！在教育孩子的時候，我們必須首先了解孩子的心理和特點，絕不能把自己的意願強加在孩子身上。否則，就會事與願違，導致孩子自卑、自閉、不自信，甚至因此毀掉孩子的一生。

正所謂「愛不需要理由，但是愛需要技巧」。家長教育理念上的「一念之差」，真的可以讓孩子的命運有「千差萬別」的不同。只要父母懂點心理學，再去談教育，自然水到渠成、事半功倍。

序言　好父母要懂點心理學

魚缸法則

「放縱」比強制更有力量

孩子的成長需要自由的空間。要想使孩子茁壯成長，就一定要給他們活動的自由，而不讓他們拘泥於一個小小的「魚缸」。

魚缸法則

走進美國某大型企業紐約總部，首先映入眼簾的是辦公室門口擺著的一個漂亮魚缸。魚缸裡十幾條產自熱帶的雜交魚開心地嬉戲著，牠們長約3寸，脊背一片紅色，頭尤其大，長得很漂亮。進進出出的人幾乎都會因為這些美麗的魚而駐足停留。

頭大背紅的小魚們一直在魚缸中鮮活地生長著，牠們過得相當自得其樂，時而遊玩，時而小憩，吸引著眾人欣賞的目光。兩年過去了，小魚們的「個頭」似乎沒有什麼變化，依舊3寸來長，在小小的魚缸裡遊刃有餘地游來游去。

這一天，董事長的頑皮小子來找父親，看到這些長相奇特的小魚，很好奇，於是非常興奮地試圖去抓出一隻來。慌亂中，魚缸被他從桌子上推了下來，碎了一地。魚缸裡的水四處橫流，十幾條熱帶魚可憐巴巴地趴在地上苟延殘喘。

辦公室的人急忙把牠們撿起來，但是魚缸碎了，要把牠們安置在哪呢？人們四處張望，發現只有院子中的噴水泉可以做牠們暫時的容身之所。於是，人們把那十幾條魚放了進去。

兩個月後，一個新的魚缸被抬了回來。人們紛紛跑到噴泉邊撈那些漂亮的小魚。十幾條魚都被撈起來了，但令他們非常驚訝的是，僅僅兩個月的時間，那些魚竟然都由3寸來長瘋長到了1尺！

對於魚的突然長大，人們七嘴八舌，眾說紛紜。有的說可能是因為噴泉的水是活水，最有利於魚的生長；有的說噴泉裡可能含有某種礦物質，是它促進了魚的生長；也有的說那些魚可能是吃了什麼特殊的食物。但無論如何，都有共同的前提，那就是噴泉要比魚缸大得多！

對於孩子的教育，事實也是這樣，孩子的成長需要自由的空間。要想使孩子長得更快、更大，就一定要給他活動的自由，而不要讓他們拘泥於一個小小的「魚缸」。後來人們把這種由於給孩子更大的空間而帶來孩子更快發展的現象稱為「魚缸法則」。

隨著孩子的成長，父母應給孩子越來越多的自由讓他們來控制自己的生活。父母必須有意識地要求自己，甚至是克制自己，不要有那種什麼事都為孩子做的想法和衝動，給孩子充分的空間。

作為父母，應該除掉多餘的擔心，盡可能讓孩子接觸到各類東西，讓孩子自己去體驗各式各樣的經歷。每個孩子都有自己的選擇方式，都有自己的想法，都有自己的定位，每個孩子的世界都是一個相對獨立的世界。對於生活的環境，孩子們已經逐漸形成自身的一套處事方式，家長不要過於強求孩子不願做的事情。強制性的教育方式帶來的只有孩子的反抗心理。

讓自己成為孩子的引導者，而不是強制者。給孩子一定的自由，說明我們信任和尊重孩子。得到信任和尊重的孩子會因此更加尊重我們，愛我們。

少年克里斯的煩惱

對於孩子的自由，為人父母者首先應該給孩子選擇的自由，尊重孩子的選擇，哪怕那是多麼的錯誤與愚蠢，因為每個人都希望自己有選擇的權利。

聖誕節到了，爸爸是個狂熱的集郵愛好者，因此，他送克里斯的禮物是一整套珍貴的郵票。爸爸希望，這套珍貴的郵票能喚起克里斯集郵的興趣。

事實上，8 歲的克里斯根本對集郵沒興趣，他希望得到的是一套籃球明星卡，而不是爸爸眼裡的珍貴郵票。

一天，克里斯在朋友那裡發現了自己夢寐以求的那套籃球明星卡，他很眼饞，於是就用爸爸送的郵票換回了朋友的明星卡。

發現這個交換後，爸爸非常惱火。令他生氣的不只是克里斯不尊重自己，把爸爸送給他的禮物輕易地跟別人換掉。另外，爸爸認為，和克里斯交換的小孩年齡比克里斯大，應該懂得郵票的價值要遠遠超過那套明星卡的價值。爸爸覺得對方知道這些卻沒有告訴克里斯，明顯是在占克里斯的便宜。

爸爸用權威的姿態要求克里斯從朋友那裡要回那套郵票，並退回了籃球明星卡。他鄙夷地向克里斯指出兩件東西是不等價的。最後，克里斯被迫執行了爸爸的命令，這使得克里斯非常的窘迫，覺得自己十分的笨拙，和朋友之間的關係也就此破裂。

事實上，克里斯爸爸的做法嚴重傷害了克里斯的自尊，使克里斯對自己的判斷能力產生了懷疑。克里斯雖然年幼，人生觀還不是很健全，但是他同樣也有自己的觀點。對於孩子自己的事情，父母要想法給予引導，將自己的要求隱藏在得體的語言引導上，讓孩子看清楚事情的真實面貌，進而做出正確的選擇。粗暴的命令式態度最有可能招致的是孩子的反抗。

美國數學家哈利．科勒的老師是個博學多才的人，他精通數學，通曉物理、天文，還是一位出色的教育家。

有一次，哈利．科勒的老師與他的夫人討論如何才能教好學生的問題。

他說：「教育學生就如同牧童放牛，我們不能像那些無知的牧童，只憑性子硬牽著牛的鼻子走路，我們要學習那些有經驗的農民，他們牽牛時，只到轉彎的地方才抖動一下韁繩。」

老師就是用這種方法教育哈利·科勒的 —— 借書給科勒看，先讓他自學，不懂可以再問老師，解答時老師也只是稍微提示一下。「我從來不像有的人餵孩子一樣，一灌一個飽，也不將食物嚼爛了餵給孩子吃，我只是引起他吃東西的興趣，讓他自己摸索著走，就像牽牛一樣，到轉彎處才替他指引一下。」

父母在教育孩子的過程中，擔當的應該是指導的角色，讓孩子自己去做決定。這樣，孩子才不會過分依賴父母，他們的積極性才能得到更好的發揮，潛能才能得到挖掘。

有些父母會讓孩子象徵性地做出選擇，但由於附加了苛刻的條件，孩子也相當於沒有選擇了。

1631 年，英國劍橋商人霍布森販馬時，把馬匹放出來供顧客挑選，但附加一個條件只許挑選最靠近門邊的那匹馬。顯然，加上這個條件實際上就等於不讓挑選。這種沒有選擇餘地的所謂「選擇」，讓人根本沒得選擇。

在父母教育孩子方面，如果父母使用命令的方式，強制性地要求孩子什麼可以做，什麼不可以做，會讓孩子陷入無奈的境地，導致他們更多的反抗。相反，如果父母在自己的要求中帶有尊重，維護孩子的自主性，給孩子自由選擇的權利，孩子對父母的反抗就會少一些。

如果不想讓孩子留有遺憾，就給孩子自由選擇的權利吧，你能代替他做很多事，但是不能代替孩子生活，讓他們自由地選擇如何處理自己生活中遇到的各種狀況，我們要做的是，以我們的經驗去給他一些建議。

遇到一個「纏小子」

選擇取決於思考，一個人要想進行自由選擇，前提條件是可以進行自由的思考，每一個父母都應該培養孩子自由思考的習慣，只有這樣，孩子才不會成為父母的傀儡。

課餘，老師和孩子們在做腦筋急轉彎的比賽遊戲。遊戲的規則是由孩子自己出題，答對的孩子才有資格做下一個出題者。孩子們都很踴躍，他們積極參與著，思考能力在無形中得到了鍛鍊。

又一輪比賽開始了，這次出的題是：「樹上有10隻鳥，開槍打死一隻，還剩幾隻？」

這是一個流傳很廣的腦筋急轉彎。孩子們大概都聽到過其答案，因此，「9隻」、「一隻不剩」，幾乎所有的孩子都搶著說答案。老師發現，只有托尼沒有吭聲，他安靜地坐著，顯然是在努力思考。

老師問：「托尼，你覺得是幾隻呢？」

托尼沒有直接回答老師的問題，反而問老師：「在這個城市裡打鳥不是犯法的嗎？」

老師：「我們假設不犯法。」

「那打鳥人使用的是什麼手槍呢？是消音手槍嗎？」

「不是。」

「槍聲有多大？會不會震得耳朵痛？」

「肯定會痛的，80分貝至100分貝。」

老師被問得有點摸不著頭緒：「這些問題跟還剩幾隻鳥有關嗎？」

「有關的，老師。」托尼繼續問道，「您確定那隻鳥真的被打死啦？」

「確定。拜託，你告訴我還剩幾隻就行了，OK ？」

「OK，樹上有沒有關在籠子裡的鳥？」

「沒有。」

「邊上還有沒有其他的樹，邊上的樹上有鳥嗎？」

「沒有，只有這一棵樹。」

「有沒有殘疾的或餓得飛不動的鳥？」

「沒有。」

「鳥裡面有沒有聾子，聽不到槍聲的？」

「沒有。」

「有沒有傻得不怕死的？」

「都怕死。」

老師很不耐煩地問：「托尼，你到底知道還剩幾隻嗎？」

「還有最後一個問題，老師，算不算懷孕肚子裡的小鳥？」

「不算。」

「哦，如果您的回答沒有騙人，打鳥人的眼也沒有花。」托尼滿懷信心地說，「打死的鳥要是掛在樹上沒摔下來，那麼就剩一隻，如果掉下來，就一隻不剩。」

已經滿頭是汗的老師這次連話都說不出來了。

從故事中我們可以看到：孩子的思想在沒有禁錮、沒有限制的情況下，是多麼自由奔放、充滿生命的活力！

有創造性思維的孩子大都是善於提出問題的孩子。

偉大的科學家愛因斯坦曾說過:「提出一個問題往往比解決一個問題更重要,因為解決問題也許僅是一個數學上或實驗上的技能而已。而提出新的問題、新的可能性,從新的角度去看舊的問題,卻都要有創造性的想像力,而且象徵著科學的真正進步。」

愛因斯坦自己就是一個很好的例證。他之所以能成為一個偉大的科學家,一個突出的特點是愛提問,用他自己的話說:「我沒有什麼特別的才能,不過喜歡尋根刨底地追究問題罷了。」他認為「想像力比知識更重要,因為知識是有限的,而想像力概括著世界上的一切,推動著進步,並且是知識進化的泉源」。培養「有創造性的想像力」,需要一個自由、寬鬆的發展空間。那些「很棒」的孩子,很有創造力的孩子,身邊都有一個「善解人意」的媽媽,或本身就有創造能力的爸爸,也或者是某個很賞識他的創造才能,對他的「奇思妙想」很感興趣的人。因此,父母給予孩子自由地思考的空間,是孩子健康成長,培養創造性思維的關鍵。

具有創造性思維能力的人是我們這個時代奇缺的人才。我們常常感嘆,在今天具有創造性思維的人才太少了,原創性的東西也太少了。造成這種現象的原因很多,其中不可忽視的一點就是:父母們給予孩子自由思考的時間太少,孩子心靈缺少足夠的自由空間。

自由是心靈成長的基礎,是創新思維的源頭。思維缺少自由,頭腦就會老化,靈感就會消失。給孩子獨立思考的空間,才有可能培養孩子的創造性思維。

學會「放養」孩子

臺灣詩人非馬在一首詩中這樣寫道：

打開籠門

讓鳥兒飛走

把自由還給

鳥籠

打開籠門，飛走的鳥兒獲得了自由，然而全詩的點睛之處在於，鳥兒獲得自由的同時，鳥籠也獲得了自由。

隨著社會發展速度的加快和社會競爭的加劇，父母們「望子成龍」、「望女成鳳」的願望比任何時候都更為迫切，與之相對應的是父母對孩子將來的規劃越來越多，甚至日常生活都要嚴加管理，時時刻刻地看管、監視和提防，這使得父母自己耗盡時間、心機和精力。

「囚禁」孩子的同時，父母也失去了自由。

然而，結果卻與願望不相符。籠子裡的鳥兒 —— 孩子感嘆：好沒自由！父母這個鳥籠也慨嘆：活著真累啊！

被餵養習慣的動物接受放養時，通常自己不會捕食，生存法則告訴我們：動物如果學不會自己捕食的話，就有可能餓死。孩子也是同樣。在父母的庇護下長大的孩子通常沒有在社會獨自生存的能力。一旦父母因為一些原因無法顧及他們，他們就只能被社會淘汰。

讓孩子知道，屬於他自己的事，他能夠做好的，他就應該做好，父母儘管可以幫他，可以教他，但不可能一輩子替他做。而他做那些事，是為了他自己，不是為了父母。

一個孩子如果能夠具備基本的生存能力，他就會很有信心處理生活中發生的事情，面對困難也能夠想盡辦法去解決，因而也就能夠讓父母放心地把他放到社會上去經受考驗。這就跟把動物放歸山林之前，需要訓練牠們的捕食能力一樣。

給孩子自由，並不意味著父母放手不管。

孩子由於社會經驗不足、年齡太小等原因，往往不能很好地處理自己的事情，父母如果撒手不管，給予孩子太多自由，效果並不一定很好。這時就又用到了「野生動物保護區」的政策——「有保護地放養」，既讓他們在自然的環境裡自由成長，又進行必要的追蹤保護；既不是放任自流，又不是管得面面俱到。

「有保護地放養」就是父母不斷地觀察和了解孩子的心態，在關鍵時刻及時伸出援手，向孩子們提供解決問題的原則和思路，同時把最後的決定權交給孩子，讓孩子自己承擔結果。

把孩子「放養」，最重要的就是讓孩子從小就得培養一定的獨立自主的能力及一個為自己生存負責的觀念。要讓孩子知道：他要靠自己努力，才能達到他的目標。每個人的能力有大小，但人都要為自己負責，應該盡力發揮自己的聰明才智，努力達到自己的目標。

繫鞋帶、鋪床疊被就是一個簡單的例子。在教孩子繫鞋帶的時候，父母要傳導給孩子這樣一個觀念：這是你的事，你要學會自己做自己的事。你必須做好你自己能力範圍內的事，如果你做不好，你就得自己負責任。

給孩子自由並不是說孩子可以不遵守社會規則，隨心所欲做任何事。

事實上要想在現代社會生存，每個人都有必要遵守一些基本規則。如果孩子從小能將某些規則內化成習慣，他就不會覺得那些規則是難忍的束縛，就能最大限度地享受自由。而那些沒有任何規則意識的孩子長大以後，在一個秩序化的社會將感受到更多的壓抑，甚至無法融入社會。

此外，社會通用的基本規則也能夠幫助孩子適當地克制他們的任性，有計畫地、有條理地去完成他們要做的事，而不用父母事事督促，時時檢查。

比如在給孩子自由安排自己生活的同時，也要讓孩子知道他們應該按時睡覺和起床，否則第二天上學將受到影響。這樣的規則延伸到課業上，孩子就會知道什麼時候該做作業，什麼時候該玩，用不著父母去催促。

如果孩子沒寫完作業就去玩，對他來說，就是頂著壓力去玩，玩不痛快，只有做完了，他才能輕輕鬆鬆。而為了有更多的時間去玩，他讀書的時候專心致志，盡力提高速度。這一好習慣如果養成了，不但孩子能夠獲得尊重和自由，家長也獲得了很多自由，不用再為這類事情操心。

事實證明，沒有硬性管理的孩子都有一個共同的特點：讀書向來不用父母督促，自己的生活也管理得不錯，算得上井然有序；能專心做自己喜歡的事，比較有主見，較少受外界的影響。

打開籠門，把自由還給「鳥兒」和「鳥籠」，也許當你打開籠門，鳥兒反倒願意回來了。因為敞開的鳥籠已不再是牢房，而成了一個溫暖的窩。

羅森塔爾效應

用積極的暗示武裝孩子

每一個孩子都可能成為非凡的天才，一個孩子能不能成為天才，取決於家長和老師能不能像對待天才一樣愛他、期望他、教育他。孩子的成長方向來自父母和老師的期望，你期望孩子成為一個什麼樣的人，他就可能成為一個什麼樣的人。

羅森塔爾效應

羅森塔爾是20世紀美國著名的心理學家，1966年，他做了一項實驗，研究教師的期望對學生成績的影響。

羅森塔爾和助手來到一所小學，聲稱要進行一個「未來發展趨勢測驗」，測驗結束後，他們以讚賞的口吻將一份「最有發展前途者」的名單交給了校長和相關老師，叮囑他們務必保密，以免影響實驗的正確性。其實他們撒了一個「權威性謊言」，因為名單上的學生根本就是隨機挑選的。

8個月後，奇蹟出現了。凡是上了名單的學生，成績都有了較大的進步，且各方面都表現得很優秀。被期望的學生在智商上有了明顯的提高，這一點對於智商中等的學生表現得尤為顯著。從教師所做的行為和性格的鑑定中可知，被期望的學生表現出更強的適應能力，更大的魅力，更強的求知欲。

顯然，羅森塔爾的「權威性謊言」發生了作用，因為這個謊言對老師產生了暗示，老師們相信專家的結論，相信那些被指定的孩子確有前途，於是對他們寄予了更高的期望，投入了更大的熱情，更加信任、鼓勵他們。

這份名單左右了老師對學生能力的評價；而老師又將自己的這一心理活動透過自己的情感、語言和行為傳染給學生，使他們強烈地感受到來自老師的關愛和期望，變得更加自尊、自愛、自信、自強，從而使各方面都得到異乎尋常的進步。這些孩子感受到教師對自己的信任和期望，自信心得到增強，因而比其他學生更努力，進步得更快。

後來，人們就把這種積極期望產生的積極結果稱為「比馬龍效應」或「羅森塔爾效應」。它說明每一個孩子都可能成為非凡的天才，一個孩子能不能成為天才，取決於家長和老師能不能像對待天才一樣愛他、期望他、教育他。比如說打破世界紀錄的運動員們，在開始比賽前，幾乎都有一種預感，覺得自己的狀態很好，能出好成績，而且現場的熱烈氣氛對他們的情緒高漲也產生了很重要的作用。透過這些激勵和心理暗示，運動員的自信心得到增強，最大限度地發揮了自己的潛能。這種精神對物質的作用，成為一個人成就大小的重要決定因素之一。

為了進一步證實自己的想法，羅森塔爾還對大白鼠進行了實驗，看看人們的期望對動物是否也產生作用。這一次，他選擇了大學生進行實驗。羅森塔爾告訴實驗的大學生：「現在有兩種大白鼠，牠們的品種是不一樣的，一組十分聰明，另一組特別笨。我希望你們訓練牠們如何走迷宮，然後告訴我哪一組大白鼠更聰明。」事實上，這兩組大白鼠根本沒有什麼差別，而大學生們都相信，實驗結果肯定是不一樣的。

在羅森塔爾的指導下，學生們讓這兩組大白鼠學習走迷宮，看看哪一組學得快。結果與大學生期望的一樣，「聰明」的那一組大白鼠比「笨」的那一組學得快。

事實再一次證明了羅森塔爾效應的正確：人的期望會對孩子的成長產生巨大的影響，父母或老師以積極的態度期望孩子，孩子就可能朝著積極的方向改進；相反，如果對孩子存在著偏見，孩子就會缺乏自知和自制的能力。

比黃金珍貴的四個字

人在一種良好的期望中生活，經常聽到的是期望的語言，就會變得非常自信，這時候心理、生理上會調整到一個最積極、最活躍的狀態，真的能如自己所期望的那樣達到一個個目標。因此，每位家長對孩子都要有一個好的期望，而且要透過言談舉止讓孩子感到你的期望。

被胎盤包裹著生下來的嬰兒，在當地人看來，是幸福之星的來臨。佛洛伊德即是以這種方式出生的。於是，從他出生那天起，在周圍人的眼裡，佛洛伊德就是幸福之星的來臨，人們都相信他是個聰明伶俐的孩子，對他的未來都抱有極大的期望。這種期望伴隨佛洛伊德的一生，使他的自信心倍增，而他也自認為一定能成為大家眼中的人物，積極努力，終於成就大業，成為著名的心理學家。

世界三大男高音之一的帕華洛帝也是在家人的期望中取得成功的。帕華洛帝還是個孩子的時候，祖母就常常把他抱在膝上對他說：「你將會成為一個了不起的人物，你不久就會明白的。」父親說他唱歌很有潛力。於是，在家人的支持和期望中，帕華洛帝走上了舞臺，並實現了祖母的期望。關於這點，成名後的帕華洛帝曾說：「如果我不聽父親和祖母的話，我就永遠不會站在舞臺上。不錯，我的老師培養訓練了我，但沒有一位教師對我說我會成名。只有我的祖母，只有祖母那句話激勵了我。」

愛因斯坦長到 4 歲多了還不會說話，人們都認為他是一個「傻子」。上小學了，愛因斯坦功課很差，表現得仍然很平庸，訓導主任曾向愛因斯坦的父親斷言：「你的兒子將一事無成。」

面對人們的譏笑和議論，尤其是面對訓導主任給兒子下的結論，擔任電機工程師的父親並沒有對孩子失去信心，他相信愛因斯坦一定能成才，並且期望他能做出偉大的事業。

為了培養起孩子的自信心，父親為愛因斯坦買了積木，讓他搭房子，搭好一層，便表揚和鼓勵一次，結果，愛因斯坦情緒高漲地一直搭到了 14 層。

父親還積極透過各種方式幫助愛因斯坦建立自信，消除愛因斯坦的消極情緒。而父親的期望，也點燃了愛因斯坦心頭的希望之火，讓愛因斯坦振作起來，使他以一種不斷進取的心態，努力奮進，最終成為舉世矚目的偉大的物理學家。

有一位叫馬爾科姆．戴爾科夫的美國作家，他的成功也同樣源於老師的期望。

上中學時，有一天，老師發布作業給學生，要求學生在讀完了小說《梅岡城故事》末尾一章之後，接下去續寫一章。

事隔多年，戴爾科夫已記不清自己當時究竟寫了什麼，也記不起老師打了多少分給他。但他的確記得 —— 並且永生不忘 —— 在他的作業後面，老師批注了四個字「寫得不錯」！

這四個字，改變了戴爾科夫的一生。受到老師鼓勵的戴爾科夫回家後立刻寫了一則短篇小說 —— 這是他一直夢想要做但又絕不相信自己能做的事情。

在接下來的學校時光裡，戴爾科夫寫了許多短篇小說，並總是帶給老師評閱。老師嚴肅而真誠，不斷給他打氣和鼓勵。後來他被提名當上自己所在中學校報的編輯。由此越發自信，就這樣開始了卓有成就的一生。

今天的戴爾科夫確信，如果不是因為老師在作業本上寫下的那四個字，他不可能取得今天的一切。

孩子們的心理世界其實非常簡單，他們在接受親友、師長們愛的同時，也會產生「給予對方愛」的欲望。這種欲望通常表現在用努力讀書來報答父母的愛。

有位學生各科成績都很普通，唯有物理相當出色。原來他曾從同學那裡聽說物理老師對其他教師說他懂事、做事穩妥。為了保住自己在物理老師心目中的好印象，也為了報答物理老師對他的愛意，他從此在物理課上表現得積極主動，回到家後首先完成的是物理作業。

孩子的成長方向來自父母和老師的期望，你期望孩子成為一個什麼樣的人，他就可能成為一個什麼樣的人。

「好外婆」與「壞奶奶」

林肯曾說過：每個人都希望受到讚美，孩子說話、走路都是在父母的鼓勵下才學會的。學說話時，沒有不說錯話的，學走路時，沒有不跌倒的。沒有一個父母因為孩子說錯話、摔了跤，而不讓他們學說話、學走路的。那麼，我們父母為什麼不能將這種鼓勵和寬容持續下去呢？

心理學家威廉．詹姆斯曾說過：人性最深切的渴望就是獲得他人的讚賞，這是人類有別於其他動物的地方。讚揚就是給予孩子積極的期望。做父母的應該而且必須賞識你的孩子，要把賞識當成孩子生命中的一種需要。有了賞識的心態，父母就會把孩子當作天才來看待。

蘇比是個普通的 6 歲小男孩，他最近越來越不願意去奶奶家，每次都拖延半天，不停地問媽媽：「可不可以改去外婆家？」

媽媽覺得很奇怪，她說服蘇比，先去外婆家，然後再去奶奶家。

到了外婆家，外婆一開門就對蘇比讚不絕口：「蘇比這麼好的小孩子真是難得，小小年紀就懂禮貌，還知道吃東西的時候要分一份給外婆！」外婆總是這麼誇他，於是，越誇越好，蘇比在外婆家顯得伶俐懂事，是一個名副其實的好孩子。

可是到奶奶家卻是另一番景象了。一進門奶奶就開始數落：「像你這麼調皮的孩子真是天下難找，要多搗蛋有多搗蛋，還整天惡作劇。」再看看蘇比，帽子歪戴著，鼻涕也不擦，一副毫不在乎的樣子。奶奶老是訓斥他，越罵越糟，在奶奶家，他就是壞孩子。

欣賞引導成功，抱怨導致失敗。這是每一個父母和老師都必須牢牢記住的。對於孩子來說，由於年齡小，心理還很幼稚，他們心靈最強烈的需求，最本質的渴望就是得到別人的賞識。兒童的年齡越小，越需要外界的鼓勵，特別是父母的鼓勵。一個孩子如果在童年時代缺少賞識，會直接影響到他個性的發展，甚至導致他一生的個性缺陷。

在管理學理論上有一條「二八定律」，它包含的意思是：促使一個人進步，應該給他 20% 的壓力和 80% 的動力。20% 的壓力來自批評和懲罰，80% 的動力來自讚揚和獎勵。通常情況下，讚揚和獎勵比批評和懲罰更容易使人建立自信心，更容易調動人的積極性。

在我們的傳統觀念中，不少家長認為，只有不斷指出孩子的缺點才是培養他們成材的最有效方式，沒有必要對孩子進行讚揚，對孩子的愛是要放在心裡的；還有些父母認為，由於非常熟悉，孩子對自己可以心領神會，覺得語言是多餘的，當孩子做對某件事情時，家長會覺得理所當然，無須表揚和讚賞；也有的父母虛榮，總覺得自家的孩子比不過別人家的，因為沒能為自己爭光而數落孩子。

可是沒有兒女不盼望得到父母的認可和欣賞的，臺灣的著名作家三毛寫過一篇散文〈一生的戰役〉，說：「我一生的悲哀，並不是要賺得全世界，而是要請你欣賞我。」這個「你」，是她的父親。

有一天，父親讀了三毛一篇文章，留條給她：「深為感動，深為有這樣一枝小草而驕傲。」三毛看到後，「眼淚奪眶而出」。對於這件事，三毛寫道：「等你這一句話，等了一生一世，只等你——我的父親，親口說出來，肯定了我在這個家庭裡一輩子消除不掉的自卑和心虛。」

像海鷗一樣

有個孩子平時讀書很努力，他每天都認真完成作業，但是考試時，同桌很輕易地就考了第一，而自己才考了全班二十一名。

回家後，他困惑地問他的母親：「媽媽，我是不是比別人笨？我覺得我和他一樣聽老師的話，一樣認真地做作業，可是，為什麼我總比他落後？」

媽媽明白，兒子的自尊心正在被學校的排名傷害著。但是她不知道該怎樣回答孩子的問題。

又一次考試後，孩子考了第十七名，而他的同桌還是第一名。回家後，兒子又問了同樣的問題。媽媽沒有說，人的智力確實有三六九等，考第一的人，腦子就是比一般人靈光。因為她知道，這不是兒子想要的答案。

媽媽也不想說一些話來應付孩子，比如：你太貪玩了；你在讀書上還不夠勤奮；你和別人比起來還不夠努力……因為她知道，像兒子這樣腦袋不夠聰明，在班上成績不甚突出，卻一直在默默努力的孩子，平時活得已經夠辛苦的了。所以媽媽決心為兒子的問題找到一個完美的答案。

兒子的學業一直在繼續，雖然他依然沒趕上他的同桌，不過他一直刻苦努力，因此與過去相比，他的成績一直在提升。為了鼓勵兒子的進步，媽媽決定帶他去看了一次大海。就是在這次旅行中，這位母親知道了該怎麼回答兒子多年來的問題。

母親和兒子坐在沙灘上，海邊停滿了爭食的鳥兒，當海浪打來的時候，小灰雀總是能迅速地起飛，牠們拍打兩三下翅膀就升入了天空；而海鷗總顯得非常笨拙，牠們從沙灘飛入天空總要很長時間，然而，真正能飛越大海橫過大洋的還是牠們。

同樣，真正能夠取得成就的人，不一定是天資聰穎的孩子；而一直努力不斷的孩子，即使天資不好，也一定能獲得成功。

現在這位做兒子的再也不擔心自己的名次了，也再沒有人追問他小學時成績排第幾名，因為他已經以全校第一名的成績考入了頂大。

父母不但對有天賦的孩子應抱著良好「期望」，就是對那些天賦不高甚至愚笨的孩子也不要喪失信心，也應給予良好的「期望」，要改變對孩子的不良印象，形成良好的印象，並透過自己的言行，傳達給孩子，它會在相當程度上影響孩子的行為，孩子最終也會讓父母滿意。

作為家長，無論在什麼情況下，都要對孩子寄予一種熱烈的期望，並且使孩子感受到這種期望。這樣，孩子就會確立一種良好的自我形象，並樂意為實現這種良好形象而做出艱苦努力，把自己潛在的天賦變為現實的才能。

因此，為了使你的孩子的潛能得到充分發揮，為了使你的孩子得到進步，父母請多給孩子一些讚賞吧！讓孩子在你積極態度的指引下良性發展。

知音式鼓勵

孩子的成長需要父母的鼓勵，現實生活中，父母在鼓勵孩子時，往往只是說「加油啊！」、「好好做」之類，具體如何去做，卻隻字不提。這對那些一直勤奮刻苦、努力的孩子來說，今後如何才能更上一層樓，卻茫然不知所措。

如果能在鼓勵孩子的時候提出具體問題，那麼孩子聽後就會清楚自己應該如何去做，當天就可以努力工作。

古時有一個常勝將軍，打勝仗對他來說已成為家常便飯。當有人奉承他：「你將作為策略家而載入史冊。」他不以為然，一點也不感到高興。有一次，有人誇獎他的鬍鬚非常漂亮時，將軍卻高興得笑顏逐開。

將軍自己肯定沒有注意到，可是在他的潛意識中，一定認為自己的鬍子非常漂亮，因此當有人稱讚他的鬍子時，他才會高興萬分。

如果父母換個方法表揚孩子——抓住要點或者「投其所好」，比如：「今天確實不錯，我一直看著錶，你今天學習了兩個半小時。」這樣的話，孩子聽了會從心底感到高興和激動，他們會覺得爸爸媽媽真是無微不至，連這些方面都注意到了。父母的關心會使他在明天學習更長的時間。

相反，抽象地對孩子進行誇獎，反而會使孩子對父母失去信賴。在孩子考了100分時，如果只是說上一句「考得不錯」，那麼孩子會認為這種表揚是理所當然的，絲毫不感到意外。如此一來，即使以後總得100分，孩子的上進心也會慢慢消失。

與責備相比，許多父母認為讚揚不需要技巧，實際上它同樣具有藝術性。有位母親說，當她責備孩子時能痛痛快快地說出來，而在表揚孩子時，雖然擺好了架勢，卻不知說什麼好。

最簡單來說，父母都喜歡誇獎自己孩子的畫，這本身是件好事。但是，如果誇獎的方式太隨便，反而會產生貶低的作用。例如：對孩子的畫兒說「像畢卡索一樣，參加比賽也能獲獎」，這種誇張的讚揚會使孩子掃興。即使不是母親，這種誇獎的說話就如同露骨的吹捧一樣，潛在的意思是「你的畫就那麼回事」，讓孩子無法接受。

正確的方式是可以評價這幅畫中令人感動的地方，比如講「這個天空的顏色很有意思」，或「這個臉畫得很像爸爸」，懇切地進行適中的評價很重要。並且，不但對這幅畫畫得好的結果進行評價，而且還指出孩子的畫與以前相比有什麼樣的進步，以及鼓勵孩子的努力等方面，促使孩子產生更大的積極性。如誇獎說「你比以前畫得更好了」或「這樹的葉子畫得很細緻、很好」等等。

不論對什麼事，表揚一定要真誠，如果讓孩子感覺到表揚的虛偽，反而容易造成孩子心理上的傷害。只有進行極其細緻、周到的評價，才能增加孩子對父母的信任，也更能增加評價的效果。

強化定律

好習慣在於不斷強化

本能的一些東西，在沒有得到強化後也會消失。父母如果在處理孩子的事情上獎懲分明，關注和鼓勵孩子正確的行為，使之強化；批評孩子的壞習慣，使之消失，孩子好習慣的培養一定會變得更為容易。

強化定律

在海洋裡，魚類也是有強大、弱小之分的，有的魚類的食物就是那些弱小的魚類，比如說鯨魚和小鯉魚。

科學家們曾做過這樣一個有趣的實驗：

他們特製了一個大水槽，把鯨魚和牠的食物都放了進去，很快，小魚們被吃得精光，偌大的水槽裡只剩鯨魚在滿足地游來游去。

接下來，科學家們把一塊特殊材料做成的玻璃板放進了水槽，鯨魚和小魚們被分別放到了玻璃板的兩邊。看到食物就在眼前，鯨魚凶狠地朝小魚們游去，對牠們來說，視覺上是區分不開有沒有玻璃板的，於是，鯨魚結結實實地撞到了板上。莫名其妙的鯨魚繼續朝食物游去，每次都撞得昏天暗地，直到牠終於懂得眼前這些小魚是吃不到的。

鯨魚放棄了繼續進攻自己的獵物，牠的獵食行為因為沒有得到強化而消失了。

實驗還在繼續，科學家們拿走了橫在鯨魚和小魚之間的玻璃板。小魚們看到鯨魚就在眼前紛紛亂逃，鯨魚們卻視眼前的食物於無物，再也沒動過心思，多次的碰壁使鯨魚認為：這些小魚是吃不到的。最後，強大的鯨魚居然餓死在水槽裡，鯨魚的獵食本能因為沒有得到強化而消失了。

這就是心理學上著名的強化／消失定律實驗。它證明了人或動物的本能，如果沒有得到強化，最後也會消失。強化／消失定律不僅僅是孩子和動物學習新行為的一種心理機制，也是成人透過肯定或否定的回饋資訊來修正自己的行為的手段。

對於成長期的孩子來說，日常生活中的好習慣和壞習慣都同時存在，如何鼓勵孩子保持好習慣，矯正不良習慣，一直是困擾父母的難題。如果適當運用強化／消失定律來做這項工作，事情就會變得容易很多。比如：父母如果在處理孩子的事情上獎懲分明，關注孩子正確的行為，使之強化；批評孩子的壞習慣，使之消失，孩子好習慣的培養一定會變得更為容易。

此外，孩子也會本能地使用強化／消失定律。有時候，他們會本能地透過強化某些行為或是消除另外一些行為來訓練他們的父母，而不是他們的父母訓練孩子。比較常見的例子是，當一位母親教訓她女兒時，年僅5歲的女兒會說：「媽媽不再愛我了。」

大部分的孩子都知道他們的父母渴望表達愛。因此，他們利用了這個微妙的問題來消除父母的懲罰行為。這樣做的孩子通常能夠取得成功。

當爸爸、媽媽帶著孩子去到一些令人激動的地方時，比如迪士尼樂園，小孩子常常會表現出令父母非常滿意的行為：他們很乖、很配合、也很好商量 —— 這是一種不自覺的企圖，其目的正在於強化或獎勵父母的行為。在一些極端的例子中，我們會看到小孩子們居然能夠熟練地操縱他們的父母，從而得到自己想要的東西或是令父母做出自己最希望的行為。

作為父母，一定要意識到自己的不當行為可能對強化具有反作用，確保自己在孩子的學習環境中處於控制地位。比如：孩子以「你不愛我」的理由企圖逃避懲罰，你應該比孩子更清醒地認識到，你愛你的孩子，懲罰他並不意味著你不愛他。當孩子以「你不愛我」來頂嘴的時候，你可以告訴他：我在任何時候都愛你。但是我必須告訴你，你做的這件事讓我覺得很失望。你做錯了事情不要緊，只要能改。你要明白，不管你做多少錯事，你都是爸爸媽媽的孩子，爸爸媽媽永遠愛你。

不要用獎勵「縱容」孩子的哭鬧

掌握強化／消失定律的關鍵是獎懲分明。如果孩子做錯了事情，而且事先有宣告他要對自己的行為負責任，那麼父母絕對不可以姑息遷就，否則，言行不一致的父母無法在孩子面前建立威信，孩子也無法養成好的習慣。

同時，如果孩子的行為值得表揚，父母絕對不要吝嗇，也許只需要你說句話而已，但對孩子來說，那將是他們繼續前進的動力。

對好行為、好習慣進行獎賞，進行強化，對錯誤的行為、壞習慣進行懲罰，讓它消失，這是強化定律的核心，因此只有賞罰分明，強化定律才能真正發揮作用。

威特夫人有一個聰明可愛的女兒，為了培養女兒良好的習慣，杜絕不良習慣對女兒的影響，威特夫人在女兒很小的時候就開始積極使用強化／消失定律來教育孩子。

威特夫人告訴女兒：有一個美麗、公正的仙女每天都會在全國各地的上空飛呀飛，看到表現不錯或者做了好事的小孩，就會趁這個小孩晚上睡覺的時候，在他（她）枕頭邊放上好吃的點心；如果他（她）做了壞事或者有了壞的習慣，第二天早上起來就不會得到任何東西。

女兒在「仙女」的關注和鼓勵下，努力在做一個好孩子，每天睡覺前都要把衣服摺疊好，遊戲結束後也把玩具收好，這樣，第二天早上醒來，就會看到「仙女」送來的點心。但女兒也有做錯事的時候。一天，女兒把玩具娃娃扔在草坪上，就趕著回家吃飯了。

結果，家裡的小狗把娃娃咬破了，女兒哭著來找媽媽，但威特夫人說：「娃娃破了是因為妳把它扔在草坪上，如果我把妳放到野外，被老虎和獅子吃掉的話，我會多麼悲痛啊！唉，它真是太可憐了！」但是，絕不說再幫女兒買一個新的。

女兒漸漸長大，威特夫人謹記自己言行要保持一致，並且獎懲分明，力求為女兒做一個好的榜樣，繼續堅持用強化定律來培養女兒良好的生活習慣。

正確應用強化定律要求父母要獎懲分明，不隨意使用自己的權利。有些時候，父母的獎勵或懲罰行為會讓孩子迷惑不解，這就完全失去了強化的作用。

今天羅伯特夫婦約了朋友見面，雙方都說好不帶小孩子好好玩一次。3 歲的兒子傑克吵著要跟去，無論如何就是不肯跟保母留在家裡，為此，甚至不惜哭哭啼啼，在地上打滾，弄髒自己最喜歡的衣服。

想到兒子最喜歡吃牛奶糖，雖然為了防止他長蛀牙，牛奶糖都被刻意地藏了起來。但這次為了讓兒子早點停止吵鬧哭泣，羅伯特先生幫傑克找出了一包牛奶糖，並許諾回來的時候買禮物給他。

事實上，羅伯特先生的舉動無意中鼓勵了小傑克以哭鬧來達到目的，如果下一次小傑克想達到什麼目的的話，他首先想到的方法肯定是哭鬧。從強化／消失定律上來說，羅伯特先生的舉動恰恰沒能強化孩子的安靜，卻獎勵了他的眼淚和哭鬧。

正確的做法應該是：在小傑克還沒有開始落淚時就給予他鼓勵，鼓勵他與父母合作，這樣，作用就完全不同了。孩子會在潛意識裡形成這樣的概念：不哭泣，跟父母合作，就會有獎勵。而不是哭泣就能解決問題。

常常聽到家長這樣教育孩子，「別哭了，寶貝，媽媽買好吃的給你！」

「別亂潑水，要是你聽話，我買巧克力給你」……也許當時很有效，孩子馬上不哭不鬧了。但是，事實上，這是父母在用「獎勵」的方式來換取孩子停止不良的行為。短暫的安寧之後，孩子可能會形成不良行為可以換來「獎勵」的觀點，到那時就為時已晚了。

獎勵和懲罰是對孩子行為的外部強化或弱化的手段，它透過影響孩子的自身評價，對孩子的心理產生重大影響。在獎勵時，要抓住時機，掌握分寸，不斷開化；在懲罰時，用語要得體、適度、就事論事，使孩子明白為什麼受罰和怎樣改過。

認可要及時，表揚要具體

父母關注、獎賞孩子的恰當行為是增加孩子正性行為、減少負性行為的有效手段。這比只關注孩子的錯誤行為要好得多，並會增加孩子的競爭意識、自信和自尊，激發孩子積極向上的願望。關注孩子的正性行為並加以強化，你會發現，孩子正在朝著你希望的方向發展。

布朗媽媽最近因為兒子的壞毛病頭痛得厲害。不知道從什麼時候開始，布朗經常忘記把牙刷放到漱口杯裡，每次刷完牙，他總是順手就丟在洗手臺邊，既不衛生也不整齊。而且，最令媽媽氣憤的是，每次當她指出布朗的錯誤時，兒子總是一副滿不在乎的表情，一邊繼續想自己的問題，一邊心不在焉地回答：「知道了。」

第二天，布朗刷完牙後，照例正要順手把牙刷往旁邊擱，突然想起媽媽說的話，於是他認真地把牙刷放到杯子裡去，並且還特意擺了擺位置。

不巧的是，媽媽根本沒注意到今天這個小小的細節，她把兒子做對擺牙刷的事看作一件很正常的事情。媽媽的表現令布朗很沒有成就感。

第二天，牙刷又被扔到杯子外面。「布朗，你的壞習慣怎麼老是改不了。看，又把牙刷放在外面了。我不是對你說過牙刷用後要放到杯子裡嗎？」媽媽生氣地說道。

「我以為妳忘記了。」布朗說道。

「怎麼這麼說呢？」母親疑惑地望著兒子。

「因為昨天我把牙刷放在杯子裡了，而妳卻什麼也沒有說！」

父母應該懂得去發現孩子的正確行為，而且予以重視和嘉獎，不要在孩子表現良好時漠然處之。表揚孩子的正性行為比責備他們的負性行為更有效。父母需要知道，孩子的每一個好的行動都應受到鼓勵，哪怕他做得不到位。

在一家州立醫院，青少年病房是有等級之分的。一級最低，往上依次是二級、三級、四級。等級越高，享有的特權就越多，例如第三等級的患者有更多的自由，他們可以回家過週末、有較多的自由活動時間、可以在患者商店工作。

這家醫院的患者基本都是十幾歲的少年，當他們剛進入病房時，通常被編入一級，如果他們遵守病房的規定，就會升入二級、三級，當他們升入四級以後，他們就可以出院了。

但新上任的院長發現，很長的一段時間裡，大多數患者都在一、二等級，只有少數幾個孩子在三、四等級。他一直想不明白這究竟是怎麼一回事，直到他連續參加了幾次每週的例會。

新院長發現，這麼長時間以來，每週例行的大會上，醫務人員總是花費大量的時間根據圖表來指出孩子們的不當行為。而那些遵守規定、行為得當的孩子則只簡單地得到一句「保持你的好成績」便打發了事。他決心改變這種狀況。又是新的一週開始了，新院長擬訂了新的會議議題——討論前一天每一個人的進步。這些十幾歲的孩子都被集中在一個房間裡，院長用相當長的時間來表揚那些遵守紀律、與醫務人員合作的好的行為。

事情開始朝著院長希望的方向發展，不到兩週，孩子們就發生了驚人的進步，60% 的孩子都升到了三、四級。而實際上醫務人員改變的僅僅是注意的重點，也就是從關注負性行為轉為關注正性行為。事實證明，表揚正性行為的確是有效的。

當孩子意識到自己存在的問題，下定決心改正時，父母一定要表示讚賞，給予鼓勵，進行強化。不要用懷疑的態度來對待孩子的承諾，更不要諷刺挖苦；對孩子改正錯誤也絕不要失去信心。當孩子有了改正錯誤的意願時，家長除了讚賞和鼓勵外，還需要多一份耐心和寬容。如果得不到家長的讚賞和支持，孩子會感到十分失望，很可能放棄改正錯誤的行動，導致積極行為的消失。

每一個進步都值得表揚，哪怕進步很小

孩子的每一個進步都應該得到父母的讚揚，這是對孩子的積極行為進行強化的最好方式。父母如果能夠做到這一點，孩子就會加倍努力，取得的進步一定會積少成多，實現根本上的進步。

很多家長都存在這樣的問題，他們對孩子的期望很高，總希望孩子能有顯著成長。因而對孩子一些細小的進步不是很注意，反應比較冷淡。但

是，平時的細微進步，累積起來才可能有大的變化。因此，對於父母來說，要想讓自己的孩子獲得「大成長」，就不應該對孩子的點滴進步進行強化。

艾柯的化學成績一直是所有功課中最差的，他最怕的功課也是化學。作為班上的資優學生，化學成績的落後使得艾柯的總成績排名很受影響。這天，艾柯下定決心，丟開喜歡的功課，全面總攻化學，努力將化學弄成最棒的一門。

轉眼又到階段性考試了，因為有了相當時間的突擊備考，艾柯很沉著地走進了化學考試的考場。

成績出來，雖然化學成績沒有突飛猛進，但是經過一段時間的努力，相比較以前，艾柯還是取得了一些成效。艾柯興奮地把成果告訴了父親，而父親卻滿不在乎地說：「有什麼得意的，還差得遠呢。」

頓時，艾柯像一個洩了氣的皮球，站在那兒一動也不動。爸爸的否認，使他覺得所有的努力都白費了。從此，艾柯對於化學課的自信心完全喪失，他甚至開始怕上化學課。

也許那句「差得遠」只是艾柯爸爸一句毫不在意的語言，或者他只是為了不讓兒子驕傲，但事實上，這輕描淡寫的一句話對孩子幼小的心靈造成了永遠的自卑與恐慌，如果把它換成小小的鼓勵，也許就能給孩子足夠的信心和勇氣，讓他去迎接更大的挑戰。

心理專家建議，在某些時候，父母應忽視孩子的負性行為，將自己的預期目標分成小步驟，一步一個腳印地做，這樣事情就能相對容易很多。也就是說，如果一個孩子有不良的生活習慣或行為，父母不應該對此抓住不放，而應該找到孩子偶爾沒有此不良行為的時候對孩子予以表揚。

12 歲的凱文有個令人討厭的壞習慣，他每天放學一回到家，就把他的書包、鞋、外衣扔到起居室的地板上。雖然偶爾凱文也會按媽媽的要求把東西都擺放好，但大多數時間都是隨地亂扔。對此，媽媽試過很多方法來矯正他這個毛病，但無論是提醒他，責備他，懲罰他，都無濟於事，凱文的東西仍舊堆在地板上。

在上述方法都不見效果的情況下，凱文媽媽決定試試透過強化兒子的正確行為來使他改正毛病。

這天，凱文媽媽終於看到了凱文經過起居室而沒有扔東西，她立即走上前去，輕輕地擁抱了一下凱文，並感謝他的體貼、懂事。凱文剛開始很吃驚，但很快他的臉上就充滿了自豪。因為他將自己的東西帶入自己的房間而受到了肯定和表揚，於是在這之後，他就盡力去這樣做，而他的母親也記著每次都對他表示感謝。

如果父母覺得孩子的進步太小，不願意表達，會使孩子覺得家長對自己的進步漠不關心，認為自己的努力白費了。時間一長，就會失去進步的動力，原來可以改變一生的進步也會因為得不到強化而消失。因此，無論孩子付出了多少努力，取得了多大的進步，父母都要及時地加以肯定，讓孩子感受到來自父母的讚賞。

孩子能不能懲罰？

「沒有懲罰就沒有教育」，必要的懲罰是控制孩子行為的有效訊號。不好的習慣需要透過懲罰來消除，威特夫人正是這麼做的。

這天，威特夫人和女兒約好晚上一起去看電影。下午的時候，女兒同學打電話過來約女兒一起上街，威特夫人答應了，她告訴女兒必須在晚上6點之前回來。女兒痛快地答應了。可是，女兒遲到了十分鐘才到家。

威特夫人並沒有說什麼，只是讓女兒看了一下手錶。女兒知道自己不對，低著頭向媽媽道歉：「我錯了。」

吃完飯，女兒就趕緊換衣服。這時媽媽讓女兒再看看錶，說：「今天看不成電影了，因為時間來不及了。」女兒哭了，鬧著讓媽媽帶她去，但媽媽並沒有被她打動，只是說了一句「真遺憾」。

讓女兒嘗到不守信用的後果，用懲罰的方式糾正女兒不守時的毛病，效果顯而易見。威特夫人不僅注重用獎懲分明的手段改正孩子的不良習慣，同時也積極向孩子灌輸進取勇敢和善於忍耐的精神。

讓孩子停止哭鬧眞的很簡單

要讓孩子心平氣和地生活，改掉喜怒無常的壞情緒，最有效的辦法是採取置之不理的方法，進行「冷處理」，讓其自動消失。

凱倫夫婦最近被兒子的壞脾氣折磨得頭痛死了。兒子安僅僅6歲，卻脾氣暴躁得厲害，稍不如意就大發雷霆，大吼大叫。即使是跟他講道理，他也聽不進去，如果父母不按照他說的去做的話，他就一直吵鬧、哭喊、在地上打滾，手裡有什麼東西都會順手扔出去。

為此，凱倫夫婦想盡了辦法，他們打他，苦口婆心地教誨，罰他站牆角，趕他早點上床，責罵他，喝斥他，對他講道理……這些都不管用，一有事情安還是會大發雷霆，暴躁脾氣依然如故。

一天，大晚上一家人正在看電視，安突然想起要吃冰淇淋。已經很晚了，商店都關了門，爸爸媽媽試圖跟他解釋，勸說他明天再吃。然而，安的脾氣又上來了，他倒在地上大聲叫喊，用頭撞地，用手到處亂抓，用腳踹所有搆得著的東西……

爸爸媽媽被氣得不知道該說什麼，他們努力克制自己的火氣，暫時沒有任何語言和動作。

安已經叫喊半天了，他奇怪地發現，居然沒有人理他。於是，他又重新按他剛才的「表演」鬧了一番。這次爸爸媽媽決定怎麼做了，他們坐下來，靜靜看著兒子，沒有任何語言和動作。

安不服氣地又開始了第三次「表演」，然而爸爸媽媽還是沒有任何表示。最後，安大概也覺得自己趴在地上哭叫實在太傻了。他自己爬了起來，哭累了回房間睡覺去了。

從此，安再也沒朝別人亂發脾氣，安的亂發脾氣因為沒有得到強化而自然消失了。

有些孩子的自尊心太強，性格倔強，不容易妥協、桀驁不馴、不肯認錯，特別是有了一些自己的思考，有了自己的想法和愛好後，更是難以接受父母的意見，一意孤行；有些孩子喜怒無常，情緒極不穩定，不能長久地保持良好的情緒，變化快；有些孩子情緒兩極性表現突出，高興時欣喜若狂，憤怒時怒髮衝冠，激動時行為激烈，傷心時悲痛欲絕；有些孩子情緒刻板，缺乏彈性，不能根據一定的事件、環境和對象表現出相應的情緒。

這些孩子之所以如此，是因為想吸引大人的注意，他們的壞習慣也是以前成人對孩子過度在意造成的，比如孩子傷心時趕緊安撫，哭叫時立即遷就，激動時馬上觀看。在這種情況下，父母最好的教育方式是減少對孩子不良行為的過分關注，視而不見，聽而不聞，平時怎麼對待他就怎麼辦，或者用其他方法轉移他的注意力。把你要他改正或要做的事交代完後，靜觀其變，耐心地等著。孩子見父母沒有改變主意的意思，最後就會照著做了，脾氣暴躁的孩子的情緒也會因為父母採取冷處理而逐漸平穩下來。

做好了，不給錢

如果你用金錢來鼓勵和強化孩子的習慣，那麼一旦現有的金錢無法滿足孩子的需求時，孩子的正確行為會因為沒有金錢的存在而自動消失，這是所有的父母都不願意看到的。

有位老人看上了鄉村幽靜淡然的環境，特意從喧囂的城市搬到一個小鄉村裡休養。住進新房的第二天，老人就發現：這裡有一個很不利於休養的因素 —— 在他的住處附近有一群十分頑皮的孩子，他們天天互相追逐打鬧。喧譁的吵鬧聲使老人無法靜心休息，老人試圖用長輩的身分要求他們禁止吵鬧，但是無論是跟他們講道理，還是嚴肅地責罵他們，打鬧聲都屢禁不止。

後來老人想到一個好辦法，他把孩子們都叫到一起，告訴他們：他將根據孩子們吵鬧的情況給予不同的獎勵。誰叫的聲音越大，誰得到的獎勵就越多。

孩子們很開心，叫的聲音大就能拿到獎勵讓他們一個個興奮不已。很快，吵鬧聲響了起來，比以前的任何時候都要大。老人耐心地等著，等到所有的孩子都喊得筋疲力盡了，他拿出家裡存著的好吃的糖果，給了那個叫的聲音最大的孩子。

一連幾天，孩子們已經習慣於透過叫喊聲獲取獎勵，這時候，老人宣布不再給叫聲大的孩子任何獎勵，無論孩子們怎麼吵鬧，他都堅決不給。

結果，孩子們認為「不給錢了誰還叫給你聽」，覺得受到了不公正待遇，就再也不到老人所住的房子附近大聲吵鬧了。

故事中的孩子，因為把他們的喊叫吵鬧跟金錢獎勵連繫在一起，他們會很自然地認為吵鬧是他們獲得獎勵的原因，因此，當老人拒絕再給他們獎勵的時候，他們很自然地就覺得應該放棄吵鬧。

日常生活中，我們常常會聽到這樣的話，「幫爸爸捶捶肩，給你報酬」，「去幫媽媽買瓶醬油，零錢就歸你了」，這種做法是極其錯誤的。

親子關係不是商業交易，這種教育孩子用金錢換取親子間互助與關懷的方法，最終會導致孩子們想要零用錢時就要求「爸爸，我幫你捶捶肩吧」的這種強賣行為，尤其對於家事，切忌用金錢承包的做法。

此外，有些父母還喜歡用金錢來獎勵孩子的課業，它使孩子漸漸忘記了讀書真正的樂趣，使孩子們認為為全家賺錢的父親很偉大，而鄙視每日忙於家務的母親。

獎勵孩子的原則應是精神獎勵重於物質獎勵，否則易造成「為錢而怎麼做」、「為父母而怎麼做」的心態。公司老闆如果希望自己的職員努力工作，就不要給予職員太多的物質獎勵，而要讓職員認為他自己勤奮、上進，喜歡這份工作，喜歡這家公司；父母如果希望孩子努力讀書，建立良好品格，也不能用金錢去獎勵孩子的好成績，而要讓孩子覺得自己喜歡讀書，讀書是有趣的事。

如果孩子犯了錯誤，也不應該用金錢來衡量錯誤的損失，要教會孩子從人文的角度看問題。比如孩子把壁龕裡的花瓶打碎了，不應斥責他：「你都做了些什麼？你知道它有多貴嗎？」而應帶著惋惜的口吻說：「這可是爺爺最喜歡的花瓶呀。」已經打碎了，也沒有辦法，只要提醒他以後注意就是了。

狼性法則

培養孩子的好奇心

先是好奇，之後就有了觀察的興趣，這是小狼經常使用的學習方式。好奇心是與注意力有關的一種重要心理現象，有了好奇心才有繼續觀察、從中學習的可能。即使是在忙碌的狩獵期間，狼族仍舊表現出對環境的高度好奇心。

狼性法則

狼是世界上好奇心最強的動物之一，牠們不會將任何事物視作理所當然，而傾向於親身體驗和研究。對於牠們來說，無論是一根馴鹿的骨頭、一隻鹿角，一塊野牛皮、一顆小松果，還是露營者遺留的登山背包，抑或是背包裡面所包含的各種物品⋯⋯大自然裡每一種了無生機的物品，都有可能成為牠們的玩具，每一種事物在牠們的眼裡，都蘊含著無窮無盡的可能 —— 神祕、新奇的發現，或意外驚喜，這些都令牠們感到驚異與神奇。

先是好奇，之後就有了觀察的興趣，這是小狼經常使用的學習方式。好奇心是與注意力有關的一種重要的心理現象，有了好奇心才有繼續觀察、從中學習的可能。即使是在忙碌的狩獵期間，狼仍舊表現出對環境的高度好奇心。

一位長年在阿拉斯加進行研究工作的人，曾經以自己的親身經歷講述了一個關於狼族好奇的故事：

有一次，我在寒冷的原野外，奔波於不同的觀測站，進行數據蒐集的工作。當我從雪車上下來，準備開始蒐集數據時，一陣強烈的被「跟蹤」的感覺突然湧上心頭。當我緩緩地轉過身之後，恐懼感從頭頂直竄腳底，嚇得渾身發顫，直冒冷汗。

在身後的一小片樹林中，我發現有五六隻野狼正在凝視著自己。我依然記得，當銀灰色的狼群融入紛飛的白雪之中時，那情景美麗得令人震驚、令人畏懼。牠們寸步不移，而我，則是動彈不得。最後，當我緩慢地跨上雪車駛離現場，回頭張望狼群時，發現牠們仍舊站立原處，凝視著自己的離去。

過了一段時間，飛馳過好幾公里的路途之後，我停在另一個觀測站前，開始進行該處的數據蒐集工作。就在此時，我又一次感受到了同樣的感覺 —— 震驚得動彈不得。當我轉過頭往後看時，清楚地看到牠們如同一群灰色的「鬼魂」，正以凝望的眼神勾引著自己的心神。

當天，同樣的情景不斷地重複出現，直到我結束工作，返回基地帳篷為止。其實，我已經習慣了這種情形，也能預期狼群可能跟隨自己而移動。不過，直到後來，我才知道狼群很清楚：野外的世界是牠們的世界，而帳篷內的世界，則是我的世界。

在那一整天裡，狼群的表現充分顯露出牠們對我，以及我的「雪車」的好奇心。它們並沒有進行任何威脅性或攻擊性的行為。只有當我滯留某處工作時，牠們才會遠遠地眺望著我，而我從來不知道牠們究竟是如何從一處移動到另一處的。

由於好奇，狼群之間經常進行各種嬉戲，這與人類小孩之間的嬉戲並沒有什麼差別。牠們有時扭打，有時躲藏在樹木或岩石後面設陷阱偷襲彼此，有時玩「躲貓貓」，以各式各樣的方法追逐友伴等。狼族從這種贏得競賽的過程中，學習到了「自信」，同時，也提高了尋找食物的技能。

人類也是如此。在人類社會裡，對任何事物都保持一種強烈的好奇心的人，興趣往往十分廣泛，創造力也特別強。這種人對大家覺得平常的問題，依然保持著強烈的好奇心和旺盛的求知欲，驅使著他不斷學習、積極進取。後來，人們就把這種好奇心巧妙地稱為「狼性法則」，以表示人類向狼族學習的決心。

每個人在成長的過程中看到自己不了解的事物都想探個究竟，小的時候更是這樣，孩子會對自己所看到的一切感到驚奇，常常會向父母問這問那，久而久之即使最有耐心的父母也會感到麻煩、費力，其實他們往往忽視重要的一點，好奇心是促使孩子學習、成長的良機。

著名動物病理學家貝弗里奇曾說：「科學家的好奇心通常表現為探索對他所注意到的，但尚無令人滿意解釋的事物或其相互關係的認知。他們通常有一種願望，要去尋找其間並無明顯關聯的大量資料背後的原理。這種強烈願望可被視為成人型的或昇華的好奇心，所以好奇心是長久以來構成智慧的一項重要特徵。」

假如你想讓孩子的智慧之花早日綻開；讓你的孩子有創新的靈感和熱情。那麼，就讓他仔細觀察生活吧！一個不熱愛生活、對周圍的一切都漠然視之的人是不會擁有一顆好奇之心的。如果你想讓孩子在未來的人生舞臺上做一顆明亮的星，就從現在開始邁出你輔助他成才的第一步 —— 記住「狼性法則」，強化他們的好奇心吧！

激發孩子創造力的最大技巧

興趣是最好的導師，幼年階段對周圍事物產生好奇、發生濃厚的興趣，可能是終生成就的泉源。興趣是兒童對某種事物探索的欲望，只要有了好奇心，有了探索欲望，孩子就會從內心的深處去研究喜歡的事物，才會不知疲憊、樂此不疲。

14 歲的富爾敦時常和同伴划竹篙小船到河裡去釣魚。當時還沒有汽船，當河水流得很急，船在逆水行進的時候，只靠一根竹篙撐動的小船行動起來又緩慢又費力，一次一次的勞累使愛用腦子的富爾敦開始思索：能不能製造一樣東西來幫人划船？這樣既省了力氣，又可以節省時間。

這個想法一直盤旋在富爾敦的腦海裡，他煞費苦心地捕捉創造的靈感，決心把這個既像是玩具又像是機器的東西設計出來。但光是想像是沒有用的，富爾敦一頭鑽進舅舅家的工棚中，利用那裡齊全的工具和材料，開始將自己的想法付諸實踐。

一鼓作氣地忙了 7 天，富爾敦帶回家一件新奇的玩意。

所有的人都很好奇，他們不明白這個東西是做什麼用的。富爾敦笑笑，把夥伴們帶到那條湍急的小河，他把那件東西裝在小船上，先用手搖動幾下，接著就聽到「突突突」的聲音響起來了，人們在船上也感覺到船的抖動，船尾有一股被攪動的浪花翻滾著。船開始自己行駛起來，而不要再用人來撐竹篙，不需要用人划船了，船卻走得比往日快很多！夥伴們圍著富爾敦歡呼起來。

那一件使大家驚奇得喊不出名字的東西，就是現在汽船上的輪子！後來，富爾敦不斷地設計創新，不斷地摸索改進。終於成為有史以來第一個創造輪船的人。富爾敦幼年時的興趣啟發他創立了自己的事業，並為之奮鬥終生。

生活需要好奇心，需要興趣所激發的創造火花。如果你的孩子在全市音樂比賽中一舉奪冠，或者在校園程式設計大賽中榮獲第一名，那麼他絕對有實力成為歌唱家或電腦奇才；如果你的孩子愛玩電腦，你可以追求成為下一個比爾蓋茲；如果你的孩子喜歡游泳，他可以立志成為游泳運動員；如果你的孩子看重金錢，他可以學習企業管理，成為一個猶太商人一樣精明的企業家。在制定人生大目標的時候，讓孩子知道自己的興趣所在，揚長避短，肯定能順利走向成功。科普作家法布爾原本是個教師，在法布爾看來，種族眾多的昆蟲王國，是比人類社會還要有趣的世界，而在當時，這個神奇的領域幾乎無人認真地探索過它的奧祕，法布爾決心做第一個研究者！

於是，在課餘時間的校園一角，經常可以看見法布爾趴在草地上，以一個觀察員的身分開心地觀看黃螞蟻與黑螞蟻打仗，看雙方陣容的變化，在觀察中發現螞蟻是用接吻來傳遞資訊的，牠們帶著互相廝鬥的勇猛勁頭，頑強拚殺直到援兵大隊的匆匆趕來……這真是趣味無窮！

長期的業餘研究使法布爾累積了大量豐富的觀察記錄和心得體會，這不僅有效地促進了他所教授的生物課，博得了師生的一致好評和欽佩，而且使他寫成了聞名全球的《昆蟲記》。

18 歲的鐵路員工米丘林對園林非常感興趣。作為一名普通員工，微薄的收入使他無法用心經營自己感興趣的事情，為了能夠擁有一塊種植果樹的園地，米丘林節衣縮食，日積月攢，好不容易租種了一塊貧瘠的荒土。

開心的米丘林在自己的土地上種上了各式各樣的果樹作為科學研究的基地。他頂著寒風翻地，辛苦勞作，終於培育出許多色美味香、果肉豐滿的新品種，創立了自己的園藝學體系。興趣的力量使他成為蘇聯和全世界著名的園藝人才，最終成為蘇聯有名的生物學家。

別急著告訴答案

科學並不是只有像愛因斯坦那樣絕頂聰明的人才能掌握，也不需要大堆的科學術語和昂貴的科學設備，培養孩子的好奇心並且積極和他們一起探索就行了。

安娜是一名普通的七年級學生，一次，全班人一起到普林斯頓大學參觀。在噴水池邊，安娜看到一個男人站在那，聚精會神地盯著水珠落下，頭一會兒偏向左邊，一會兒偏向右邊。好奇的安娜走近他，發現他在自己面前不停地晃動著右手手指。

察覺到背後有人，觀測者轉身問道：「妹妹，從一大片瀑布中看出一個個水點來，妳做得到嗎？」然後，他開始繼續搖晃他的手指。

安娜被感染了。她學著他的樣子，在噴出的水流前伸出自己的手指晃動，頓時，水流彷彿凝固成千萬個微滴。他們開心地在那裡看著，交流並改進著自己的觀測技巧。最後，先前的觀測者要走了，他望著安娜的眼睛叮囑：「孩子，別忘了，科學就是像這樣子去探索、去尋找樂趣！」

這位噴水池邊的觀測者不是別人，正是大名鼎鼎的阿爾伯特·愛因斯坦。他透過這個事例告訴孩子：科學就是探索，探索使人快樂。

孩子們就像天生的科學家，本能的好奇心促使他們渴望探索周圍的世界，只要對他們進行積極的引導，就一定能幫助其進入神祕的科學世界。

一位科學家到某農村小學二年級的一個班，與學生座談「以科學為職業」這個題目。可愛的孩子們不停地問道：

「您看見過蚱蜢吃東西嗎？可是，我學牠們的樣子吃草葉，卻把肚子吃壞了，這是為什麼？」「眼淚是什麼做的？」「小蜘蛛是從哪找絲結網的？」「我是不是像個裝血的口袋？不然，為什麼不管什麼時候弄破皮，都會有血流出來？」

科學家認真傾聽孩子們千奇百怪的問題，他微笑著鼓勵著他們，雖然對於孩子們的問題他並不是全部都知道，都能回答上來，但是他仍微笑著說：

「不知道。不過，也許我們可以找出來。」

然後他開始和孩子們一起探索、討論他們的問題。

鼓勵孩子們去探索有時候更甚於直接告訴孩子答案。即使你知道孩子所提問題的答案，也要抑制回答的欲望——須知，那樣做只會喪失討論機會。強化刻板的教育將會帶給孩子錯誤的概念：科學不過是儲存在成人頭腦中的一大堆事實；科學意味著各種煩瑣深奧的解釋。世界上充滿了正確答案和錯誤答案。但科學是需要探索的，它並不僅僅是列舉事實，而且還解釋背後的意義。

進行探索而不是直接給出答案，最重要的一點就是父母要留給孩子們時間思考，耐心地等候他們經過思考後的回答。成年人一個大毛病就是盼望孩子一問即答。研究顯示：成年人等候的耐心通常不超過一秒鐘——這樣短的時間孩子根本來不及思考。

而當你給孩子超過三秒的「等待時間」時，孩子們的回答往往更符合邏輯、更完整和帶有創造性，孩子思考的能力也將更為完善。

在幫助爸爸洗刷盥洗室的時候，瑪格麗特發現用橡皮活塞擠壓地面時，會和地面黏住，用盡全力才能把它們拉開。

瑪格麗特很困惑地對爸爸說：「爸爸，我要用好大的力氣才能把它們拉開。」爸爸問：「為什麼妳用這麼大的力氣才能把它們拉開呢？」

瑪格麗特稍微想了一下說：「因為裡面的空氣被封緊了。直到我拉出一條縫，才全部跑出來，於是就聽見『啪』的一聲響……」

爸爸沒有發表評論，他耐心地看著小瑪格麗特。

瑪格麗特說：「嗯，也許不是這樣的，讓我再想想。」

過了一會，她開心地說：「爸爸，我知道了。是因為所有的空氣都被擠出了活塞，裡面的空氣壓力比外面的大氣壓力小。」

一旦你把孩子引入對科學問題的討論，不要急於表態「說得對」或「很好」，這些誇獎話對鼓勵良好行為很有效果，但對促進科學交談有弊無利。

同時，你也不要催促孩子「想」── 這樣說毫無意義，因為孩子本來就在想，即使你不告訴他們。更糟的是，這可能把交談變成一種「表現」：他會揣測你希望的答案，並用盡量少的話說出來，以免猜錯時受的責備太重。而且，做出的反應如果以問號結尾，如「是這樣嗎？」並不意味著他想繼續討論這個題目，而只是想以此證實答案的正確性。

懲罰你，跟爸爸一起把玩具恢復原狀

所有的父母都希望自己的孩子能夠成才，為了給孩子努力的方向，他們不惜花錢讓孩子上各式各樣的培訓班，向孩子講述成功人士的成長經歷，希望藉此找到孩子的成才之路。但他們或許不知道，可能僅僅是對孩子興趣和好奇心的一點點不耐煩或批評，就可能斷送孩子一生的命運。

一位母親帶著自己 5 歲的孩子去拜訪一位著名的化學家，想了解這位大人物是如何踏上成才之路的。化學家沒有跟他們講述自己的奮鬥經歷和成才經驗，他把他們帶到了實驗室。

第一次到實驗室的孩子很興奮，他好奇地看著到處都有的林林總總的瓶子和裝在裡邊的五顏六色的溶液，看看化學家，看看母親，過了一會兒終於試探性地將手伸向盛有黃色溶液的瓶子。這時，他的背後傳來了一聲急切的斷喝，母親快步走到孩子旁邊，孩子嚇得趕忙縮回了手。

化學家哈哈笑了起來，對孩子的母親說：「我已經回答你的問題了。」

母親疑惑地望了望化學家。化學家漫不經心地將自己的手放入溶液裡，笑著說：「其實這不過是一杯染過色的水而已。妳的一聲喝斥出自本能，但也喝斥走了一個天才。」

許多父母都容易犯下這個錯誤，他們總以經驗來約束孩子的好奇心，於是孩子們也就習慣於接受現狀而不敢探索創造，踏上的只是和父母同樣的道路。

湯瑪斯今年5歲，他聰明伶俐，對任何事物都有強烈的好奇心。

有一天，爸爸媽媽在廚房做飯，湯瑪斯獨自在客廳裡玩耍。百無聊賴的他對一個精緻的玩具汽車產生了興趣，想拆開來看個究竟。可是，拆開以後，就再也裝不上去了。

當母親看到被「肢解」的新玩具時，便十分生氣地對湯瑪斯說：「你怎麼這麼頑皮！這可是爸爸送給你的生日禮物，剛買沒幾天，你就把它拆了，看爸爸怎麼收拾你。」

湯瑪斯惴惴不安地等待著爸爸的懲罰。出乎意料的是，爸爸不但沒有生氣，反而笑著對他說：「湯瑪斯，爸爸跟你一起把玩具裝好，行嗎？」

就這樣，爸爸和湯瑪斯開始一起來擺弄這些玩具。在拆裝這些玩具的過程中，爸爸不斷地跟湯瑪斯講解玩具的構造，鼓勵他自己完成組裝小汽車的任務。經過幾個小時的努力，父子倆終於成功地將玩具恢復了原狀。湯瑪斯也從中學到了很多機械知識。

能拆開玩具，說明孩子有求知的欲望，能自己去看待問題、研究問題。當父母的不能一味地批評，更不要扼殺孩子的好奇心，否則的話，就扼殺了將來的人才，因為生存的技巧就在於你敢不敢去探索知識，去探索未來。

將學習融入遊戲中

孩子的好奇心、興趣總是在不斷變化的，對於原有的學習內容，他們很容易出現經常性的厭倦情緒，這是因為小孩子的天性就是好動愛玩、喜新厭舊，一成不變而又需要不斷重複的學習很容易使他們感到厭倦，這很不利於他們的深入學習。這時，可以透過孩子自己選擇遊戲的方式，來激發孩子的好奇心。

父母和老師都清楚，只要每天堅持練習，不管是彈鋼琴還是拉小提琴，孩子相應的能力都會日積月累地不斷提高。但是如何讓孩子一直保持興趣，卻一直是令家長們十分頭痛的事情。

寅次是一個聰明靈巧，很有小提琴演奏天賦的孩子，無論什麼曲目，他總是能在最短的時間內學會。但他的問題也很明顯：只要開始學習一首新曲子，寅次就會表現得熱情十足，他不僅用心地聽老師講課，還非常努力地練習，其表現和一個刻苦用功的好學生沒有兩樣。但是，一旦他覺得自己學會了，就會馬上鬆懈下來，再也不願意花一點工夫在同一首曲子上。作為一名初學者，他不具備足夠的毅力和耐心，而這樣子是很難取得大成就的。

除此之外，由於寅次總是學得比其他的孩子快，所以，當別人還在認真練習，試圖掌握新曲子時，寅次就已經變得無所事事了。當他覺得一個人很無聊時，開始不斷地做鬼臉、發出陣陣怪叫聲，或者將女同學的辮子綁在課桌上，他調皮搗蛋的行為嚴重擾亂了課堂紀律和學習氛圍，影響了其他孩子的受教權。

一次，正在搗亂的寅次被鈴木老師（日本著名教育家）發現了，老師為了懲罰他，不僅每次上課都讓他待在自己身邊練習曲子，還讓他長時間地重複練習，以免他接觸到別的同學。

寅次一次次找老師報告：「老師，我已經練完啦。」

老師也一次次告訴他：「還不行，必須再努力，直到非常熟練為止。」

寅次並不能理解老師維護課堂紀律，打磨他毅力和耐心的一片好心。相反，因為在每堂課都是練習同一首曲子，時間長了，他便養成了鬆懈、應付的壞習慣，經常跟父母吵鬧，說是不願意繼續學習了。

經過溝通，寅次的老師和父母終於明白，寅次不想去上學，並不是因為他不想學習，而是枯燥的練習使他失去了好奇心。

孩子是不容易集中注意力的群體，如果沒有新奇的事物，他們很難長時間專注於一件事情。單調的彈鋼琴和拉小提琴練習會讓他們疲憊不堪。為此，老師需要讓學習的方式具有趣味性。

如何提高孩子們練習同一首曲目的興趣呢？鈴木老師一直在思考這個問題。一次，鈴木老師和妻子一起去逛百貨大樓，當時，百貨公司正在開展一個「抽籤中大獎」的促銷活動，參加的顧客似乎都非常踴躍。看到他們欣喜若狂地瘋狂擁擠時，鈴木老師忽然靈機一動：「如果在教育孩子時採用『學習抽籤法』會取得怎樣的效果呢？」

第二天上課時，鈴木老師決定試一試自己想到的新方法。他向孩子們宣布，上課前大家要先來玩一個遊戲。他把寫好曲目的竹籤放進竹筒搖一搖。然後說：「寅次，你來抽一支籤吧。」

十幾雙眼睛充滿了疑問和探尋，它們注視著跑到老師身邊的寅次，寅次則屏住呼吸抽了一支籤。「是史特勞斯的《波卡舞曲》。」鈴木老師說，「寅次同學，這是你抽到的結果，那麼你是否同意今天就學習這支曲子呢？」

寅次使勁點頭：「我同意，我同意，抽籤的結果哪能隨便改呢！」

原來如此，孩子們紛紛明白了，他們覺得這個遊戲一定很有趣，於是一個個地舉起小手，圍著老師大聲叫喊：「該我了，該我了。」「我也要抽！」「該輪到我抽了。」「老師，我有點摸不到。」

最後，所有的孩子都抽到了自己的籤，他們無比熱情地投入了練習，連「調皮大王」寅次也沒有再搗蛋。他練習得很認真，因為他認為「這支籤是我自己抽中的，如果練不好該多丟臉呀」。

這個由鈴木老師創造出的「學習抽籤法」從此在音樂教室開始推廣。實踐證明，它能夠非常有效地調動孩子們的學習積極性。孩子們表現出非常歡迎的態度，學習起來幹勁十足，不管是學習新曲子，還是練習曾經學過的曲子，他們都顯得信心百倍。他們相信自己一定能成功地演奏中籤的曲子，因為那是一個「好彩頭」。

後來，學校和父母發現，不管是在課堂上練習學過的曲子，還是在家裡練習課外布置的曲子，都可以採用「學習抽籤法」。對於那些初學的學生，「學習抽籤法」尤其有效，因為可以激發他們在家中主動練習的熱情。

透過這種方法，孩子們進步非常明顯。寅次已經能夠極其熟練地演奏貝多芬的《小提琴協奏曲》，一些四五歲的孩子也能自如地演奏巴哈的《小步舞曲》。

興趣是最大的老師，當學習變得沒有新意，一成不變的時候，孩子學習的興趣就會下降，效率就會降低。如何想辦法培養孩子的興趣，將學習融於遊戲中，才是引導孩子學習的關鍵。

在孩子眼裡，只有自己喜歡的遊戲才願意不厭其煩地做，因為這是他們的天性。父母在教育幼兒時，不要指望孩子能具有那種所謂的「自覺性」。即使孩子對學習產生了厭煩，家長也萬萬不能責備，而應該進一步尋找讓孩子願意學習的方法。

夢想法則

不要粉碎孩子的夢想

童年是夢想的故鄉，一個人心中擁有了夢想，就會在希望中生活，並不斷地創造生命的奇蹟。童年是多夢的季節，一個真愛孩子的父母應當精心保護孩子的夢想，這樣，夢想的種子才有可能長成參天大樹。

夢想法則

許多年以前，一位窮苦的牧羊人帶著兩個年幼的兒子靠為別人放羊來維持生活。一天，他們趕著羊來到一個山坡。這時，他們看見了一群大雁，鳴叫著從他們頭頂飛過，並很快從自己的視野中消失了。

「大雁要往哪裡飛？」牧羊人的小兒子問他的父親。

牧羊人回答說：「為了度過寒冷的冬天，牠們要去一個溫暖的地方安家。」「要是我們也能像大雁一樣飛起來就好了，那我就要比大雁飛得還要高，去天堂看媽媽。」他的大兒子眨著眼睛羨慕地說。

「做個會飛的大雁多好啊！可以飛到自己想去的地方，那樣就不用放羊了。」小兒子也對父親說。

牧羊人沉默了一下，然後對兒子們說：「如果你們想，你們也會飛起來。」兩個兒子試了試，並沒有飛起來。他們用疑惑的眼神看著父親。

牧羊人說：「看看我是怎麼飛的吧！」於是他飛了兩下，也沒飛起來。牧羊人肯定地說：「可能是因為我的年紀大了才飛不起來，你們還小，只要不斷努力，就一定能飛起來，去你們想去的地方。」

兒子們牢記著父親的教導，並一直不斷地努力。等他們長大以後終於飛起來了，他們就是美國的萊特兄弟，他們發明了飛機。

人類最可貴的本能就是對未來充滿幻想，對明天充滿熱情 —— 儘管這些幻想有許多不確定的因素，儘管有些孩子的夢想永遠都不能實現，但是，每一個人都在憧憬著未來，並為著或遠或近的「未來」投入他們全部的努力。

許多看似不切實際的夢想其實都可以實現，這是因為夢想會使人心中產生激情，作為一種可貴的心靈動力，這種熱情可以令一個人產生「雖九死而不悔」的生活嚮往，它會最大限度地激發人的潛能，從而實現自己的目標。

孩子天生都有夢想，童年是多夢的季節，童年是夢想的故鄉。夢想是鳥兒飛翔的翅膀，不展開翅膀，你永遠不會知道自己究竟能飛多遠。一個人心中擁有了夢想，就會在希望中生活，並不斷地創造生命的奇蹟。

黎巴嫩著名詩人紀伯倫說：「我寧可做人類中有夢想和有完成夢想願望的、最渺小的人，而不願做一個最偉大的無夢想、無願望的人。」面對孩子的夢想，很多父母會說那是不切實際的「好高騖遠」，他們不明白，正是有了夢想，不切實際才有可能變為實際。

一個真愛孩子的父母應當精心保護孩子的夢想，讓夢想的種子長成參天大樹。夢想就像人體成長所需要的微量元素與胺基酸，缺少它，大腦的營養就跟不上，思維就會遲鈍，沒有想像力、創造力。父母要學會給予孩子夢想，讓孩子在無數個夢想中，充分發揮想像力與創造力。

想得到，做得到

一位多年從事教育事業的英國教師因年齡的緣故要退休了，整理辦公室檔案的時候，他發現了 25 年前自己所帶過的一個班級 51 位同學的作文字。翻開來看，題目叫〈未來我是〉。老師隨便翻看著，回想著過去教學生的話。

「25 年前的作業本了。」老師感慨道，臨退休的悵然開始瀰漫。但很快，老師的臉上浮現出了笑容，他被這些孩子們千奇百怪的自我設計迷住了。

一個叫彼得的學生寫道：未來我是海軍大臣，因為有一次在海裡游泳時，我喝了 3 升海水都沒被淹死。一個叫理查的學生說：我將來必定是法國的總統，因為我能背出 25 個法國城市的名字，而同班的其他同學最多只能背出 7 個……最讓人驚訝的是，一個叫戴維的盲學生，他說，將來他必定是英國的一位內閣大臣，因為在英國還沒有一個盲人進入過內閣。

總之，孩子們都在作文中認真地描繪著自己的未來。有當馴狗師的；有當領航員的；有做王妃的……五花八門，應有盡有。

老師讀著這些作文，突然有一種衝動 —— 尋找這 51 位學生，看看他們現在是否實現了自己 25 年前的夢想。

當地一家報紙得知他這一想法後很感興趣，他們免費為老師在報紙上釋出了一則啟事。沒幾天，書信開始一一寄到老師這裡。50 位當初的學生向老師致謝，謝謝老師仍然儲存他們年幼時的夢想，並且希望得到那本作文簿，重溫兒時的夢想。這中間有商人、學者及政府官員，更多的是沒有身分的人。

老師開始按來信地址把作文簿一一寄了回去。

一年過去了，只有一個作文本沒人索要，就是那個夢想進入內閣的戴維。老師想，那個叫戴維的人也許死了。畢竟 25 年了，25 年時間是什麼事都會發生的。

就在老師準備把這個本子送給一家私人收藏館時，內閣教育大臣布蘭克特（David Blunkett）寄來一封信。他在信中說，那個叫戴維的就是我，感謝您還為我們儲存著兒時的夢想。不過我已經不需要那個本子了，因為從那時起，我的夢想就一直在我的腦子裡，我沒有一天放棄過；25 年過去了，可以說我已經實現了那個夢想。今天，我還想透過這封信告訴我其他的 50 位同學，只要不讓年輕時的夢想隨歲月飄逝，成功總有一天會出現在你的面前。

布蘭克特的這封信後來被發表在《太陽報》上。作為英國第一位盲人大臣，布蘭克特用自己的行動證明了一個真理：假如誰能把 15 歲時想當總統的願望保持 25 年，那麼他現在一定已經是總統了。

25 年的時間，可以說是一個漫長的過程，誰能具有堅持 25 年不變的意志，可能大多數人無法做到這一點。只有那堅持不懈為夢想奮鬥的人，他們永遠不會因為其他的原因改變自己的目標，不曾改變一絲成就理想的信念。

一位老師的懺悔

每個孩子都有自己的夢想，也許在父母眼裡它是那麼不切實際，那麼遙遠，但是，誰又能保證你的孩子不會實現自己的夢想呢？多給些鼓勵和支持吧，讓孩子勇敢地去追尋自己的夢。

美國猶他州一所中學。

一天，老師比爾．克利亞向大家發布了一份作業，要求孩子們就自己的未來理想寫一篇作文。

出身貧寒但性格樂觀向上的蒙迪．羅伯特是其中孩子之一。老師的作業並沒有讓羅伯特有什麼其他想法，回家後，他開始興高采烈地描繪自己的夢想。羅伯特用了整整半宿的時間寫了 7 大張，在作文中他詳盡地描述了自己的夢：「我夢想將來有一天擁有一個牧馬場。」他甚至還在作業裡畫下了一幅占地 0.8 平方公里的牧馬場示意圖，有馬廄、跑道和種植園，還有房屋建築和室內平面設計圖。

第二天羅伯特興沖沖地將這份作業交給了克利亞老師。然而作業批回的時候，蒙迪．羅伯特傷心地看到：老師在第一頁的右上角打了個大大的「F」（差）。蒙迪．羅伯特覺得自己的功課完成得很出色，他想不通為什麼只得了個「F」。下課後蒙迪去找老師詢問原因。

克利亞老師認真地說：「蒙迪，我承認你這份作業做得很認真，但是你的理想離現實太遠，太不切實際了。要知道你父親只是一個馴馬師，連固定的家都沒有，經常搬遷，根本沒有什麼資本，而要擁有一個牧馬場，得要很多的錢，你能有那麼多的錢嗎？」

最後，克利亞老師說：「如果你願重新做這份作業，確定一個現實一些的目標，我可以考慮重新幫你打分。」

蒙迪拿回自己的作業，去問父親的意見。父親摸摸兒子的頭說：「孩子，你自己拿主意吧，不過，你得慎重一些，這個決定對你來說很重要！」

蒙迪考慮了一晚上，他決定堅持自己的夢想，即使老師給的成績仍然是「F」。多年來，蒙迪一直儲存著那份作業，本子上刺眼的「F」激勵著蒙迪，一步一個腳印不斷超越創業的征程，多年後蒙迪．羅伯特終於如願以償地實現了自己的夢想。

數年後，克利亞老師帶著他的 30 名學生參觀一個占地約 0.8 平方公里的牧馬場，當登上這座面積達 4,000 平方公尺的建築場時，他發現，牧馬場的主人就是曾經被他評價為夢想太不切實際的蒙狄。克利亞老師流下了懺悔的淚水。

「蒙迪，現在我才意識到，當時我做老師時，就像一個偷夢的小偷，偷走了很多孩子的夢，但是你的堅韌和勇敢，使你一直沒有放棄自己的夢！」

有夢才會有期望，有期望才會有幹勁和熱情，守住自己的夢，勇敢地走下去，你就會比別人提前到達成功的彼岸。

我要跳到月球上去

有多大的想像力，才有可能有多大的成就。人沒有幻想是不行的，沒有幻想，阿姆斯壯就不可能登上月球；沒有母親的呵護，就沒有班傑明．威斯特後來的成就。對孩子來說，如果沒有父母的呵護，如果父母對他的幻想總是打擊，孩子是很難有大成就的。

一天晚上，年輕的維奧拉正在廚房裡做飯，才幾歲的小兒子獨自在灑滿月光的後院玩耍。兒子蹦蹦跳跳，玩得不亦樂乎。維奧拉不斷聽到「咚咚」聲，她感到很奇怪，便大聲詢問：「兒子，你在做什麼？」

天真無邪的兒子也大聲回答：「媽媽，我在試著跳到月球上去。」

維奧拉並沒有像其他的父母那樣責怪兒子不好好讀書，只知道胡思亂想，而是笑笑說：「好啊！不過一定要記得回來吃晚飯啊！」

這個小孩長大以後真的「跳」到月球上去了，他就是人類歷史上第一個登上月球的人——美國太空人尼爾．阿姆斯壯，時間是1969年7月16日。

還有一個同樣有意思的故事：

一天，母親莎拉有事出去，臨走前，她交代兒子照顧好正在睡覺的妹妹。母親走後，百無聊賴的小男孩發現了幾瓶彩色墨水，他很好奇，忍不住打開瓶子，看到妹妹還在熟睡，就開始在地板上畫起了妹妹的肖像。

不可避免地，室內各處都灑上了墨水汙漬，家裡變得髒亂不堪。

等莎拉回來，色彩凌亂的墨水汙漬充斥著她的眼睛，但是她也發現了地板上的那張畫像——準確地說是一片亂七八糟的墨跡。她驚喜地說道：「啊，那是莎莉。」然後她彎下腰來親吻了她的兒子。

這個男孩就是班傑明．威斯特，後來成了一個著名的畫家，他常常驕傲地對人說：「是母親的親吻使我成了畫家。」

很多人習慣於把異想天開當成貶義詞。曾見到一幅漫畫，漫畫上的第一幅是，一個穿長衫的人，在兩隻臂膀上裝了鳥一樣的翅膀，試圖飛翔；第二幅是，他摔在地上死了。漫畫的意思告訴我們什麼呢？人不要有想像力，不要試圖嘗試你不知道、沒把握的事情。

對於一個未成年卻充滿想像力的孩子，我們永遠都不可能預測他將透過何種方式、何種途徑去實現未來的人生價值，獲取屬於他的成功。我們要做的只有一件事，那就是鼓勵，再鼓勵！只要是積極的、向上的、生動的就去鼓勵，剩下的一切都交還給他自己——讓孩子做孩子的事，他往往能在「不可能」或「不太可能」中找到可以獻身的東西，並能在造福於人類的事業中達到光輝的頂點！

南風效應

寬容比懲罰更有力量

「如果你想要人們相信你是對的，並按照你的意見行事，那首先就要人們喜歡你，否則，你的嘗試就會失敗。」教育孩子也是這樣，如果你想要孩子認同你的意見，就要站在孩子的角度去考慮他們遇到的問題，體諒孩子並給他們改正錯誤的機會。

南風效應

北風和南風打賭，看誰的力量更強大。他們決定比試誰能把行人的大衣脫掉。

北風先來。他鼓起勁，呼呼地吹著，直吹得冷風凜凜、寒冷刺骨，可是越刮，為了抵禦北風的侵襲，行人越把大衣裹得緊緊的。

接下來是南風。南風徐徐吹動，輕柔溫暖，頓時風和日麗，行人覺得春暖上身，漸覺有點熱，於是開始解開鈕扣，繼而脫掉大衣，南風獲得了勝利。

人們把這種以啟發自我反省、滿足自我需要而達到目的的做法稱為「南風效應」。南風之所以能達到目的，就是因為它順應了人的內在需求，使人的行為變為自覺。

「南風效應」給我們的啟示是：在處理人與人之間的關係時，寬容比懲戒更有效。北風和南風都要使行人脫掉大衣，但由於方法不一樣，結果大相逕庭。

教育孩子也是如此。每個孩子都有一顆向上、向善的心，父母要尊重、關心、激勵自己的孩子；每個孩子都可能犯錯，父母要容忍孩子的缺點，客觀、理智、科學地處理日常生活中出現的各種問題。在處理與孩子的關係時，一味地要求或者命令孩子，有時效果反而不好；如果父母站在孩子的角度考慮問題，體諒孩子，就能很容易達到好的教育效果。

漂亮的牛奶海洋

媽媽不在家，6 歲的詹姆士想喝牛奶，於是他決定自己去拿。牛奶在冰箱裡，小小的詹姆士根本摸不到，他搬來一把椅子，踩在上面，左手扶牆，伸出右手去拿大罐子的牛奶，卻沒有拿穩，手一鬆，整罐牛奶都打翻在地上。牛奶淌了一地，幾乎整個廚房的地面上都是。詹姆士嚇壞了，他想媽媽一定會很生氣的。

意外的是，回家後的媽媽看到這些後並沒有發火，卻說：「好漂亮的牛奶海洋啊！我從來都沒有見過。」看到詹姆士的緊張情緒已經緩解，媽媽接著說，「你願不願意跟媽媽一起把牛奶打掃乾淨呢？牛奶海洋是很漂亮，但是這樣子的話地板上就很髒了。」

接下來，媽媽拿著拖把、掃帚，和詹姆士一起把廚房打掃了一遍。然後，媽媽又把他先前打翻的牛奶罐子裝滿水，放進冰箱，教詹姆士怎麼拿才不會把罐子打翻 —— 即用雙手一起拿。

小孩子都是這樣，他們常常會不了解自己的控制能力，父母不在身邊的時候，也許會因為自己的舉動給父母帶來麻煩。

如果你的孩子不小心打翻飲料、牛奶瓶時，你會怎麼處理呢？是怒氣沖天，大聲喝斥孩子：「你怎麼那麼笨啊，連牛奶都不會拿？」還是趕緊自己收拾殘局，告訴孩子：「沒關係，沒關係，你不要過來，不要踩到牛奶，讓媽媽來收拾。」或是叫孩子一起來收拾，一起承擔自己不小心做錯的事？事後，再教孩子怎麼去做就不會再次出錯？

父母應該選擇的是第三種做法，這樣，你的孩子以後做事就「不怕做錯事」，也有信心和勇氣不斷嘗試、實驗；儘管有時還是會出錯，但他都學習用「心平氣和」的心來看待，並勇敢地「自我承擔」所做的一切。

心理學家說：「當一個錯誤已經發生、覆水難收時，你發再大的脾氣，也都於事無補。」大聲責罵小孩，也只是使小孩更害怕、更恐懼而已；而且，憤怒可能會造成更多的錯誤。在生活中，當錯誤已是既成的事實時，教會孩子勇敢面對、勇敢承擔；父母避免歇斯底里地發脾氣，這樣不僅使孩子受到不良影響，父母也會深受其害。

凱薩琳媽媽的迂迴戰術

紐約地鐵站治安混亂，最嚴重的問題是地鐵站裡的小偷和搶劫現象。歷屆政府都採取很強硬的措施，但是無論懲罰措施多麼嚴厲，犯罪率仍舊高居不下。安東尼奧就任紐約市市長之後，力主採取新的治理措施。他採取的辦法不是暴力，而是在地鐵站裡不間斷地播放貝多芬、莫札特的古典音樂。其中《聖母頌》是播放次數最多的音樂。

結果，地鐵站內多發的搶劫、偷盜行為大為減少，發案率也創下歷屆政府中的最低，紐約市的地鐵秩序較之以前有了很大的改善。

「拯救還是制裁？」對於執行者來說，這只是選擇的方法不同而已。但對於被執行者來說，兩種不同做法給他們的感覺是不同的。安東尼奧是智慧的，他選擇了拯救，因為拯救一個人的靈魂，要比任何手段都要高明有效。制裁的終極目標也應該是拯救一個人的靈魂。靈魂得救了，才是制裁的最終目的。

父母教育孩子也要講究方法，但不同於拯救和制裁，父母要做的是：

用寬容代替懲罰，給予孩子尊重和耐心。

布蘭妮跟男朋友威爾遜分手了，起因是威爾遜接受了凱薩琳的邀請，做了她聖誕舞會的男伴而冷落了布蘭妮。一貫潑辣的布蘭妮因此對凱薩琳心有怨恨，於是，趁著凱薩琳一家週末出去度假，布蘭妮帶了幾個朋友砸碎了凱薩琳家的玻璃，並向屋裡扔雞蛋和垃圾，以此來報復凱薩琳。

週末出去度假結束，回到家的凱薩琳一家發現，家裡地上撒滿了打碎的雞蛋，屋裡被弄得臭氣熏天。

弄清楚情況後，怒不可遏的凱薩琳媽媽立即打電話到布蘭妮家，她憤怒地指責布蘭妮媽媽沒有好好管教自己的女兒。一頭霧水的布蘭妮媽媽直到她平靜下來才明白事情的緣由。

布蘭妮的媽媽很清楚自己女兒的一貫潑辣作風，她開始相信這是女兒的作為，於是她說：「讓我先跟她談一談，再回話給妳，我為妳的不幸感到抱歉。」放下電話，媽媽問布蘭妮：「凱薩琳的媽媽說妳把雞蛋扔進了他們的屋子裡，妳能不能告訴我，到底發生了什麼事？」

「沒有，媽媽。」布蘭妮嘴上十分肯定地說。「那好吧，我打電話給凱薩琳媽媽。」布蘭妮媽媽說。她撥通了凱薩琳家的電話：「妳好，我是布蘭妮媽媽。我想妳是誤會了我女兒，她不會做這樣的事情，而且，我希望妳能向我和我的女兒道歉，因為妳錯怪了她……」

一旁的布蘭妮很感激母親這樣為自己辯護，但同時，她也因為自己向媽媽撒了謊而難過得無地自容。她覺得應該告訴媽媽真相，不讓媽媽為自己背黑鍋。她做了個手勢告訴媽媽掛電話。

媽媽照做了，布蘭妮含著淚說出了事實的真相，她等著媽媽大發雷霆，但出乎意料的是，媽媽並沒有發火，反而跟她講起自己過去的類似經歷。

最後，媽媽說：「做父母很難，為了保護自己的孩子不受任何傷害，他們願意和任何人爭吵，為自己的孩子辯護，但這樣做不明智，通常只能看著自己的孩子承受這一切風暴，從中吸取教訓。」

一番推心置腹的談話使布蘭妮感覺到了母親的愛與理解，這也給了她改正自己錯誤的勇氣，她勇敢地打電話給凱薩琳的母親，承認了錯誤，並表示願意做一切來補償自己所犯的過失。

對待犯錯的孩子，我們應該像布蘭妮的媽媽一樣，給予孩子愛與理解，讓他們明白自身所犯的錯誤，如果一味以強硬的方式來解決的話，往往達不到自己預期的目標，反而使孩子與自己產生隔膜。寬容，是比懲罰更有力量的教育方法。對人寬容，是做人的一種美德。而對孩子們寬容，則不僅是美德，還是一種教育藝術。

與孩子做個約定

管理心理學中有句名言：「如果你想要人們相信你是對的，並按照你的意見行事，那首先就要人們喜歡你，否則，你的嘗試就會失敗。」也就是說，要使對方接受你的觀點、態度，你就要把對方與自己視為一體。

15 歲的茱蒂已經知道什麼是流行了，她學著電視裡的明星，穿花花綠綠的 T 恤和磨得破破爛爛的牛仔褲，並拒絕聽媽媽的意見。

對此，媽媽很不理解。每天早上，在女兒上學前，媽媽總會盯著她一身打扮，然後嘆口氣說：「我的女兒居然穿成這副德行。」她不明白現在的孩子為什麼喜歡穿破舊的衣服，把自己搞得邋邋遢遢，所以，當她看到茱蒂在用泥土和石頭猛擦新牛仔褲的褲腳時，她急忙上前阻止女兒，並搬出當年自己清苦過日的經歷來進行說教。

女兒仍舊不為所動，只顧低著頭用力擦。面對媽媽的疑問，她一副理所當然的神情，還不緊不慢地說：「我就是不能穿新的。現在不時興穿新的牛仔褲，一定要弄舊才能出門。」

新牛仔褲經過加工，褲管上多了一把鬚鬚（流蘇）。茱蒂對此很滿意，她搭配的是爸爸的一件舊 T 恤，上面染滿了藍色的圓點和條紋。每天上學茱蒂都開開心心地穿著它們招搖。

媽媽很不滿意，但嘮叨一點實際效果都沒有。一天，媽媽突然想到：自己並不清楚其他的國中女孩穿成什麼樣子，那何不親自去看看呢？

於是，當天媽媽決定開車去接茱蒂回家，以便觀察其他女孩的穿著，結果發現穿得比女兒更「驚世駭俗」的大有人在。回家的路上，媽媽向茱蒂表示：「也許我對『牛仔褲事件』反應過度了些。從現在起，妳去上學或和朋友出去玩，愛穿什麼隨妳的意，我不過問。」

「太好了！」茱蒂歡呼起來。「不過妳跟我一起上教堂、逛街或拜訪長輩時，妳得要乖乖地穿些像樣點的衣服。這樣做妳只需讓步百分之一，我卻得退百分之九十五，妳說誰比較划算？」女兒聽了之後，眼睛一亮，然後伸出手來跟媽媽握了握：「媽，就這麼說定了。」

從此以後，茱蒂每早快快樂樂出門，不再有媽媽對她的衣服的囉唆和評價，而茱蒂和媽媽一起出門時，也會自動裝扮很得體。這個協定讓他們母女皆大歡喜。

我們常說，退一步海闊天空。這句話也適合父母與孩子之間的爭執。一直有代溝這一說法，說的就是因為時代的不同，兩代人之間有太多的不同看法，如果雙方都堅持己見，就無法達成一致。不妨理解一下對方，互相多一些讓步，事情就可得到圓滿解決。

苦口良藥的嚴格和無限寬宏的理解都能有利於孩子的成長。父母要做的是，如何將他們良好地結合起來。

會幽默，讓你事半功倍

蘇聯著名詩人米哈伊爾·蘇斯洛夫教子的故事一直在教育界廣為流傳。

某一天，蘇斯洛夫回到家，發現兒子坐在沙發上得意地吐著黑黑的舌頭。而家裡人則慌作一團，他們一人拿一部電話，都在向醫院請求急救。原來，詩人的小兒子舒拉別出心裁地喝了半瓶墨水！

看到爸爸回來，兒子舒拉還朝爸爸做了個鬼臉。詩人明白：舒拉一定是想以此成為全家矚目的中心。喝下的那種墨水孩子不至於中毒，所以用不著驚慌。而現在正是教育舒拉的好時機！

於是，他問舒拉：「你真的喝了墨水？」

舒拉沒回答，他仍舊得意地坐在那裡繼續伸出黑黑的舌頭。

父親一點也不惱火，而是從屋裡拿出一沓吸墨水的紙來，對小兒子說：「現在沒有辦法，只有請你把這些紙用力嚼碎吞下去了。」

一場虛驚就這樣被詩人一句幽默的話沖淡了，「危機」在家人的嬉笑聲中結束。此後，舒拉再沒犯過類似出風頭的錯誤。

孩子，尤其是男孩子，有時會故意打破常規做出異常的舉動。通常，他們是想證明自己勇敢，並希望以此引起別人的注意。

此時，如果父母採用「硬碰硬」的簡單方式，孩子很可能會變得更加蠻不講理。遇到這種情況，做父母的最好藉助幽默，用輕鬆的口吻指出他不通情理之處，使他明白自己的錯誤所在，從而達到教育孩子的目的。

孩子的想法跟父母也是不一樣的。很多時候孩子在學校或夥伴那出了洋相，對成年人來說，可能一笑置之。但對孩子來說，那是世界末日：他的臉丟大了，也許他整天都在考慮該轉學了。

這時候，幽默的重要作用就顯現出來了：父母的安慰遠不如父母的自嘲或幽默更有效。父母可以跟孩子回憶他們童年時代出醜的事，告訴他們當時自己的心情和別人的評論，讓孩子意識到：當時，這類似的事情也曾讓身為父母的我們覺得痛不欲生，猶如世界末日，可是，現在我們還不是過得好好的？父母的自嘲和幽默既讓孩子放鬆了心情，也讓孩子對未來抱有信心。

父母在培養孩子的過程中適當運用幽默感，不僅可以緩解父母和子女之間發生衝突時的緊張氣氛，更可以將幽默感漸漸傳給孩子，讓孩子學會幽默輕鬆地面對人生。

自然懲罰法則

讓孩子對自己的行為負責

當孩子在行為上犯了錯誤時，父母不應對孩子進行過多的指責，而應該讓孩子自己承擔錯誤直接造成的後果，給予孩子心理懲罰，使孩子能夠正確理解自己的錯誤，進而自覺改正錯誤。

自然懲罰法則

一個孩子不愛惜家裡的東西，這天又把椅子弄壞了。爸爸毫不留情地讓他連續幾天站著吃飯，讓他體驗體驗自己的行為所帶來的勞累之苦。

一個孩子很任性，動不動就摔東西來表示自己的「抗議」。一天因為媽媽沒買給他想要吃的東西，就把一件新玩具摔壞了，把一本書撕爛了。媽媽更是「強硬」，馬上宣布一個月之內不再買新玩具和書給他，若他沒有改正的行為則繼續延長。

18 世紀法國教育家盧梭認為：「兒童所受到的懲罰，只應是他的過失所招來的自然後果。」這就是盧梭的「自然懲罰法則」，是世界教育史上的一個里程碑。如果孩子打破了他所用的東西，莫要急於添補，讓他自己感受到需要它。他打破了自己房間的玻璃窗，讓風日夜吹向他，也不怕他因此而傷風；傷風比起漫不經心還要好些。

自然懲罰法則的含義是：當孩子在行為上犯了錯誤時，父母不應對孩子進行過多的指責，而應該讓孩子自己承擔錯誤直接造成的後果，給予孩子心理懲罰，使孩子在承受後果的同時感受心情的不愉快甚至是痛苦，從而讓孩子自我反省，自覺彌補過失、糾正錯誤。

簡單地說，自然懲罰法就是讓孩子在自作自受中體驗到痛苦的責罰，強化痛苦體驗，從而吸取教訓，改正錯誤。「自然懲罰法則」的關鍵就是要讓孩子感到受懲罰是自作自受，是應該受懲罰的。

「自然懲罰法則」的另一種方法是：給機會去試試，如孩子一定要穿那種好看但太單薄的衣裙，或適合宴會穿的硬底皮鞋時，就讓她穿，結果必然是「太冷了」、「鞋太滑太硬不能在操場上跑、追不上同學」。總之是讓孩子自作自受。

生活費花完了，那就餓著吧

讓孩子從自己的錯誤中直接體驗到後果，父母不對此加以評論和指責，效果會更好。上大學的鮑勃就是一個很好的例子。

鮑勃從小花錢就沒有計畫也不節省。轉眼間，鮑勃上大學了，爸爸為了限制他花錢的速度，跟他約定：每月 15 號爸爸寄 500 美元的生活費給他。多年的習慣不是那麼容易就改的，鮑勃照舊花錢如流水，毫不節制。有時，他跟朋友出去到餐廳或娛樂場所揮霍，一次就能把一個月的生活費都花光。因此，每月不到 15 號鮑勃就囊中羞澀了。

每當這時，鮑勃就會打電話給爸爸，要求爸爸提前寄下個月的生活費過來。爸爸愛子情切，他容忍了兒子的行為，於是，父子倆的約定就只剩下了形式，這也使鮑勃更加沒有顧慮，一連幾個月，鮑勃已經預支了半年後的生活費了。他花錢無度的毛病不但沒改，反而更加嚴重。

這時鮑勃的經濟狀況又出現危機了，他傳了條訊息給爸爸，說：「爸爸，我餓壞了。」按照慣例，爸爸明天就會寄錢過來。然而，這次鮑勃沒有看到匯款，他打開訊息通知，發現爸爸簡單回了句：「孩子，餓著吧。」

接下來的日子就不那麼好過了。鮑勃絞盡腦汁地節衣縮食、精打細算，對每一美分都計劃安排，事情很奇妙，身上只剩 20 美分的鮑勃居然撐到了下個月 15 號，也就是爸爸再次寄錢過來的日子。

體驗到吃苦受罪滋味的鮑勃，學會了有計畫地花錢。以後的每個月，鮑勃居然還能每月省下 100 美元來存款，這樣，鮑勃的生活更豐富也更有意義了，用這些錢他買了好多自己喜歡的書、唱片，還可以出去旅遊。他的大學生活比以前過得更充實了。

教育孩子就是這樣，當孩子犯了錯誤之後，不應當由父母來承擔子女的過失，讓孩子學會為自己的行為負責，才是真正的教育之道。

穿髒衣服的蒂娜

有時候，父母的強迫、命令態度也會使孩子反感，從而無法達到自然懲罰的效果。正確的方法是讓孩子自己去感受錯誤。

蒂娜滿 13 歲了，已經懂得追求漂亮了，最直接的表現就是她換衣服的頻率越來越高，這直接加重了媽媽的負擔。於是，媽媽決定找她談談，媽媽說：「寶貝，媽媽工作很忙，妳已經 13 歲了，可以為媽媽分擔些家務，做一些自己的事情了。以後妳的衣服要自己洗。如果妳忘記的話，就只好穿髒衣服了。」蒂娜很痛快地點了點頭。

一週過去了，媽媽發現洗衣機裡塞滿了蒂娜的髒衣服，她很生氣，於是很嚴厲地訓斥了蒂娜，蒂娜答應媽媽下次不會了。

接下來的一週，蒂娜還是沒有洗，髒衣服更多了，洗衣機裡已經放不下了，它們都堆在了蒂娜房間裡，幾乎占了一地，最嚴重的是蒂娜已經沒有幾件乾淨衣服可以換了。媽媽決定用「自然懲罰法則」好好教育教育她，但是蒂娜有她的應對辦法：她從髒衣服堆裡撿出稍微乾淨的衣服繼續穿，就是怎麼也不肯自己動手把它們洗乾淨。

幾週下來，媽媽徹底被激怒了。終於有一天，她狠狠地罵了蒂娜一頓，把她的幾件髒得不得了的衣服丟了，最後把蒂娜拉到洗衣機旁，逼著她把衣服洗了。然而接下來的日子，事情並沒有多大改觀，蒂娜照舊還得需要媽媽催促才會去洗衣服。

事實上，蒂娜不可能一直穿髒衣服，女孩子一般都是愛打扮、愛乾淨的，她懂得什麼是美觀漂亮，什麼是邋遢骯髒，她不可能長期穿髒衣服。她的「消極怠工」可能是出於對媽媽干涉的抗議，她只是想讓媽媽知道，她並不願意讓別人強迫自己做什麼事情。她寧願自己穿髒衣服，也不願意受媽媽支配。

媽媽在惱火的時候強迫蒂娜洗了衣服，問題並不能解決。也許下次情況還是這樣。

對於這件事，如果媽媽不再對蒂娜是否洗衣服提出意見，而是直接告訴她，她已經很大了，她有能力清洗這些髒衣服，而且也該為此負責，洗或不洗是她自己的事情，媽媽不會再干涉或操心。蒂娜媽媽如果真能平心靜氣地和女兒進行談話，了解她不洗衣服的原因，可能就會避免一場長時間的抗爭，實際成效也會大不一樣。

許多父母在教育孩子的時候，經常會不由自主地運用自己的「權力」，強迫孩子做事，就像蒂娜媽媽最後強迫她洗衣服一樣。單純地命令孩子做事情，或強迫他去做，是在利用父母的權力，而這種權力無非是身分、年齡或體力的差別，孩子當然無法在這些方面去與大人競爭。強迫孩子做事會導致他們用其他的方法來抗爭，很難想像會有好的教育效果。

運用「權力」教育孩子是種很武斷的教育方法，孩子不聽你的話，並不是挑戰你，他們只是希望自己能有更多的自主權。正確地應用這種方法是一種幫助避免矛盾產生的有效方法。

大人也要承擔自己的過錯

在教育孩子的時候，一定要讓孩子明白：每個人都應該為自己的行為負責，都要承擔它的後果，無論好壞。這是父母在教育孩子時一定要著力培養的良好習慣。尤其是在集體活動中，孩子更要盡職盡責，有條理地做好自己的本職工作，否則就會給自己和大家帶來麻煩。

學校舉行國家公園野餐活動，老師將需要帶的東西分派了下去，由班上的同學每人負責回家準備一項。同學們有的負責去超市買食品，有的負責準備烤肉的爐子，有的負責所有的餐具……威爾遜分到的任務是負責準備烤肉要用的調味料。

期盼這次野餐已經很久了，因此，消息一得到確認，威爾遜就開心地跳了起來，直到放學回家，他都開心地樓上樓下地歡呼著，惹得爸爸媽媽一陣憐愛。媽媽提議威爾遜列一張單子，把需要帶的東西先想好了，然後交給媽媽檢查，這樣不但可以防止遺漏，還可以防止沒有經驗的威爾遜漏拿東西。

但是威爾遜說要先出去跟小朋友宣布這個消息，回來後再列清單。他說：

「放心吧，爸爸媽媽。我會帶好的，別擔心。」

爸爸雖然不是很相信他，但一想，這是一個很好的鍛鍊機會，就沒有再要求他必須現在開列出清單來。

小威爾遜在外面玩了整整一天，臨到晚上該睡覺的時候他才匆忙跑到廚房裡收拾。

第二天，當全班人準備就緒，開始野餐時，小威爾遜卻怎麼也找不到烤肉醬，他慚愧地低下了頭。這次教訓讓他意識到由於自己的疏忽，使這次活動大為遜色，影響了自己，也麻煩了別人。

在「自然懲罰法則」上，父母作為孩子直接的榜樣，也應該以身作則，由於自己的過錯造成的後果絕不推卸到孩子身上，成為自己承擔後果的表率。

7 歲的艾迪坐在靠近門邊的書桌前寫作業，外面風很大，作業本被風吹得「啪啪」直響。艾迪不得不一次次跑去關門，每次關上沒多久，一陣猛烈的風就又把門吹開了。

這時，鄰居山姆叔叔來找艾迪爸爸，他沒有進門，和艾迪爸爸兩個人就站在大門外閒聊起來。

沒多久，風又把門吹開了，艾迪於是跑去關門。他猛地把門關上，然而大門卻因為碰到障礙物反彈了回來，與此同時，艾迪爸爸壓抑的叫喊聲響起。

艾迪驚恐地看到，門外的爸爸五官痛苦地扭曲在一起，頭髮一根一根地豎著，而他的五根手指則怪異地纏來擰去……看到艾迪出來，爸爸暴怒地朝他揚起了手。原來，剛才爸爸的手放在門框上，艾迪突如其來的關門，差點把爸爸的手指夾斷。

艾迪嚇壞了，以為這次一定免不了一頓暴打。但是爸爸的巴掌一直沒有落下來，艾迪的臉頰，感受到的也僅僅是一陣掌風而已。

事後，爸爸對艾迪說：「當時我實在痛得厲害，原想狠狠地打你一個耳光，但是，轉念一想，是我自己把手放在夾縫處的，錯誤在我，憑什麼打你。」

父親的這句極為普通的話，卻給了艾迪一個畢生受用無窮的啟示：犯了錯誤必須自己承擔後果，不可遷怒於他人，不可推卸責任，無論你是一個父親、老闆還是領袖，即使你受到了傷害。這件發生在艾迪童年的小事，對艾迪的一生或多或少地都有了影響。

一次體驗勝過萬句叮囑

卡爾一家要去山上野營，臨行前爸爸媽媽和卡爾定好了「紀律」：這次活動為期兩天，參加者需要自帶相關用品，不得互相借用，並且需要在山上度過一個晚上。

定好規矩後，一家人開始分頭收拾自己的營地生活用品。卡爾拒絕了媽媽的幫助，並很自豪地告訴她：「媽媽，我能夠照顧自己的。」

媽媽沒有再堅持。出發前，媽媽檢查了卡爾的行李，發現他沒有帶足夠保暖的衣服，也沒有帶手電筒，這是野營時必須要帶的東西，但是媽媽並沒有多說什麼，她想，應該試用一下「自然懲罰法則」，讓卡爾親身體驗一下自己行為帶來的後果，會對以後的生活有益處。

爬山、渡河……經過一下午的跋涉，一家人終於到了山頂上。望著正在下落的太陽，每個人都很有成就感。然而，問題很快就來了，太陽下山了，天越來越黑，氣溫也開始下降。由於沒有帶足夠的衣服，卡爾凍得瑟瑟發抖。因為有約在先，卡爾不得不咬牙忍受著，不能向爸爸媽媽求助。

看到凍得可憐兮兮的卡爾，爸爸媽媽很心疼，但是他們決定不幫忙，好讓卡爾從自己的錯誤中懂得今後該怎麼做。

更嚴重的問題還在後面。由於沒有帶手電筒，卡爾根本沒辦法在漆黑的山頂看清楚路況，為此，被山上的草叢、矮樹劃傷了手臂和腿。

這次的野營，卡爾搞得很狼狽，快快地回到家裡，媽媽問：「這次玩得不開心是因為什麼呢？」

「我以為那裡的天氣會和這裡一樣，所以只帶了平常穿的衣服，沒有想到山上會那麼冷！下次再去，我就知道該如何去做了。」

「那如果下次去的是佛羅里達，你也帶同樣的衣服嗎？」媽媽試探地問道。

「不會的，佛羅里達很熱，我會帶涼快一點的衣服。」

「對的，你應該先了解一下當地的天氣情況，再做決定。那手電筒呢？」

「我想到要帶手電筒，可是我一忙起來就把手電筒忘了。我想，下次野營時我應該像爸爸媽媽一樣，先列一張單子，這樣就不會忘記東西了。」

一問一答中，媽媽已經幫助卡爾總結了這次活動的經驗教訓。經驗對於一個人的成長是很重要的，別提醒孩子，讓孩子在體驗中嘗到自然懲罰的後果，你的孩子就能成長進步得更快。

利用孩子的過失，當場教給孩子道理也是很有效的方法之一。

米娜今年剛剛滿 4 歲，最近一段時間，她對媽媽廚房裡的廚具越來越感興趣，總是想去摸摸、看看，如果媽媽允許她拿在手上玩一會，米娜會比吃到最喜歡的森永牛奶糖還開心。

這天，媽媽的朋友送來一套仿明朝的瓷碗，素雅的顏色，精緻的花紋，整個碗看起來非常漂亮。米娜很想摸摸看，她央求了媽媽半天，但是媽媽還是不同意。於是，乘著媽媽正在跟朋友說話的當口，米娜偷偷拿起了其中一個，在手裡把玩著。

「哐——」的一聲，一不小心，米娜將碗掉在地上打碎了。

知道自己犯了很嚴重的錯誤，米娜嚇哭了，媽媽沒有動，只是嚴肅地對孩子說：「去廚房拿掃把畚箕來，馬上把地板上的碗碎片收拾乾淨，並且向叔叔和阿姨道歉，因為妳把叔叔阿姨送來的禮物打碎了。」

米娜哭著，但她仍很快按照媽媽的吩咐拿來了掃把畚箕，開始把碗碎片從地上掃起放到畚箕裡面。

米娜笨拙地收拾著碎片，但媽媽只是嚴厲又慈祥地看著她，不上來幫忙，也不允許別人幫忙。

過了一會，一切收拾完後，米娜走過來向叔叔阿姨道歉：「我太不小心了，請叔叔阿姨原諒。」

這位母親利用孩子的過失，當場教給自己的孩子一個道理：即便你年齡再小，但只要是自己闖的禍，就要由自己來承擔責任。

尊重法則

把孩子當成獨立的個體

自尊是人生必須學會的第一個原則，要想讓孩子真正長大成人，就應該讓孩子從小就「站著」，而不是「趴著」去仰視那些大人物，這種自信心與健全的人格會為孩子的一生打下良好的基礎。

尊重法則

幼稚園開學的第一天，一群剛剛入園的孩子橫七豎八地坐在圖書館的地毯上，等待著接受他們人生的第一課。

一位老師微笑著問他們：「孩子們，我來跟你們講個故事好不好？」

「好！」孩子們答道。

於是老師拿出一本書，講了個很短但很優美的童話。然後她告訴孩子們說：「這個故事是一個作家寫的，就在這本書裡面，你們長大後，也一樣能寫這樣的書。現在哪一位小朋友也能來跟大家講一個故事？」

一位小朋友站起來，用稚氣的童聲講道：「我有一個爸爸，還有一個媽媽，還有……」這時，小朋友們看到老師在桌子上攤開一張非常好的紙，很認真、工整地記錄著這個語無倫次的故事。

「下面，」老師又說，「哪位小朋友能幫這個故事配個插圖呢？」

又有一位小朋友站起來，他仔細地畫一個「爸爸」，畫一個「媽媽」，再畫一個「我」。雖然畫得很不像樣子，老師同樣認真地把它接過來，附在那一頁故事的後面，最後，老師取出一張精美的封皮紙，把這份作品裝訂在一起。並在封面上寫下了作者的姓名、插圖者的姓名，及「出版」的年月日。

老師把這本「書」高高舉過頭頂：「孩子們，看，這是你們寫的第一本書。寫書並不難。你們還小，所以只能寫這種小書。我相信，等你們長大了，就能寫大書，就能成為偉大的人物。」

自尊是人生必須學會的第一個原則，要想讓孩子真正長大成人，就應該讓孩子從小就「站著」，而不是「趴著」去仰視那些大人物，這種自信心與健全的人格會為孩子的一生打下一個良好的基礎。一個人的心靈世界，是要靠自尊來支撐的。尊嚴可以帶給人自信，也可以改變一個人的命運，這就是「尊重法則」。研究顯示：與 9 個月至 3 歲的幼兒多交談，會使這些孩子日後變得更聰明。

在父母與子女之間關係平等，彼此尊重，且保持溝通交流的家庭裡，孩子的智商會比別的孩子明顯高出很多。

蒙特梭利的擤鼻涕課

蒙特梭利是 20 世紀西方最卓越的兒童啟蒙大師之一。一次，她為兒童們上一節有關怎樣擤鼻涕的課。

蒙特梭利向孩子們示範了使用手帕的不同方法，還指導他們如何能盡量做得不引人注意。她以一種他們幾乎察覺不出的方式拿出手帕，並盡可能輕地擤著鼻子。孩子們聚精會神地注視著，沒有一個人發出笑聲。

示範剛結束，孩子們就像在劇場中那樣熱烈地鼓起掌來。

孩子們的反應之所以這麼強烈，是因為她的這次課觸及到了孩子們那極其有限的社交生活中的敏感點。

兒童在擤鼻涕方面存在很大困難。每當他們表現不是那麼合適的時候，就會遭到父母的責備，但沒有一個人真正地教他們擤鼻涕的方法。

更為傷害他們的是，為了不丟失手帕，他們在學校裡還得把手帕惹人注目地繫在脖子上。當蒙特梭利這樣做時，他們感到抵償了過去的羞辱，而他們的掌聲說明，他們不僅在這裡受到公正的對待，而且這項技能的掌握也使他們在社會中也取得了一個新的地位。

可見，兒童有一種強烈的個人尊嚴感。而成人通常意識不到他們是受到傷害和遭到壓抑的，更意識不到自己在蔑視孩子。雖然孩子有時不能夠做好某些事情，但父母要知道：一顆健康的心靈對孩子才是最重要的。

在日常生活中，父母蔑視孩子的事例數不勝數，雖然父母們做這些事的時候並沒有意識到。比如：當你看到你的孩子端了一杯水，你就會害怕孩子把這個杯子摔碎，這實際上就是蔑視孩子的一種表現。一個杯子難道比孩子的嘗試和探索具有更大的價值嗎？你是給孩子探索的機會呢，還是只心疼你的杯子？

如果是前來拜訪的客人打碎了這個杯子，父母肯定會立刻說，這杯子並不值錢，完全不用把這件事放在心上。為什麼孩子打碎了就是另一種反應，很難避免挨罵呢？

暴力教育就是「教育事故」

魯迅先生曾經講過一句頗為深刻的話，對於孩子，「小的時候不把他當人，大了以後，也做不了人」。自尊心是不甘落後、相信自己不比別人差並能超過他人的一種情感體驗。作為父母，一定要尊重孩子的自尊心。

莎拉是個膽子很小的孩子，她從小生活在爺爺奶奶身邊，爺爺奶奶對她精心呵護，日常生活幾乎全部包辦，慢慢地，莎拉養成了內向、膽怯的性格。後來，莎拉開始到父母身邊生活，爸爸脾氣暴躁，莎拉在他面前經常嚇得什麼都不敢說，不敢做。一天，家裡來了客人，爸爸讓莎拉替客人倒水，一不小心，茶杯摔在了地上，爸爸當著客人的面劈頭蓋臉地就罵道：「妳真是個笨豬！」生性敏感的莎拉羞愧得無地自容。

當天晚上，莎拉做了一個噩夢，看見爸爸惡狠狠地指著她的鼻子，用手指著她的臉。從今以後，莎拉看到爸爸就緊張，越緊張越是出錯，每當這時，爸爸都毫不留情地加以訓斥。莎拉最後患了恐慌症，每天晚上做噩夢，一點風吹草動都緊張得不行。

莎拉的生長環境幾乎毫無尊重可言。她的父母是愛她的，這一點毋庸置疑。然而莎拉的父親信奉「棍棒出孝子」的古訓，認為父親打罵女兒天經地義，他的巴掌快如閃電，常常會以迅雷不及掩耳之速度雨點般密集落下，莎拉就只有哇哇痛哭的份了，哪裡還能張口申辯？年幼時的莎拉對父親怕極了，以至於最盼望的事情就是爸爸出差。在爸爸的暴力教育下，莎拉的性格變得非常自卑。

稍大一點，莎拉有了倔強與自尊意識，父親再打她就強忍住不哭。不想，這種做法竟令她的父親感到威嚴受到了挑戰，於是把更大的力氣運在手掌上，直打得她忍不住哭出聲來。在哭聲和譏諷聲中，莎拉初萌的自尊心已經滿是裂紋。

莎拉的母親也是同樣，她總是擔心莎拉學壞，因而除了詢問莎拉學校的情況外，甚至偷偷查看莎拉的日記和信件。一天，莎拉正在家中寫信，媽媽走近，她下意識地將信紙一捂，這反而勾起了母親的警惕，她堅持非看不可。結果，在激烈的爭奪戰中信紙被撕成碎片扔進了火爐，氣喘吁吁的母親在賞她一記耳光後轉身離去。

莎拉的母親可能沒有意識到，在她上來搶信的那一剎那，孩子的自尊已經受到了嚴重的傷害。父母用專制建立了他們的家長威嚴，而莎拉的自尊自信在如磐的重壓下艱難地生長，溫良謙恭的外表下，隱藏著她的敏感和孤僻。嚴重的時候，她甚至想到了自殺。

孩子的健康成長不只展現在身體上和智力上，而且還展現在心理上。一棵小樹苗，只澆水施肥而不見陽光，就難以長成參天的大樹。家庭尊重之於小孩，就好比陽光對於小樹苗。要想保護孩子的自尊心，切忌在眾人面前用命令和訓斥的口吻和他們說話，對孩子採取冷漠和粗暴的方法都是非常不可取的。教育孩子時惡言相向是一種極不尊重孩子的表現。

「小人物」也有大自尊

2 歲的兒子第一次看見螞蟻，媽媽溫柔說：「你看小螞蟻好乖，螞蟻媽媽一定很疼愛他。」於是，兒子放棄了捏死一隻螞蟻的想法，乖乖地趴在一旁看那隻螞蟻寶寶。

5 歲的兒子進了幼稚園。媽媽對他講了一個故事：一個小女孩很注意保持環境衛生。一次和媽媽逛街，小女孩跑到馬路對面去丟手中的雪糕紙。不幸的事發生了，一輛車猛地開過來，小女孩像一隻蝴蝶一樣飛走了。失去孩子的媽媽瘋了，每天都在那個地方撿垃圾。被感動的人們再也不亂扔垃圾了。那個城市成了一座永遠乾淨美麗的城市。眼眶溼潤的孩子告訴媽媽，他再也不亂扔東西了。兒子已經上小學了。老師找了母親，說她兒子最近總是遲到。媽媽沒有責怪兒子，只是溫柔地問他遲到的原因。孩子說他發現在河邊看日出太美了，看著看著就忘了時間。第二天，母親一早就跟兒子去河邊看了日出。她說：「真是太美了，兒子，你真棒！」

這一天，兒子沒有遲到。晚上，媽媽在兒子的書桌上放了一支好看的小手錶。下面壓著一張紙條：因為日出太美了，所以我們更要珍惜時間和學習的機會，你說是嗎？愛你的媽媽。

兒子已經開始上國中了。一天，班導打電話給媽媽，說她兒子在課堂上偷看一本畫冊，裡面有幾張人體畫！和老師交換了意見後，媽媽替兒子要回了那本畫冊。雖然內心裡很煩亂，但是媽媽還是什麼都沒說，彷彿什麼也沒有發生。

第二天早上，兒子在他的枕頭邊，發現了那本畫冊，上面附著一封信：兒子，生命如花，都是美麗的。一個女人死了，千年後，我們還能懷念她的美麗。孩子，從審美的角度出發，記住那些讓我們感動的細節，比如一片落葉，一件母親織給你的毛衣，一個曾經為你彎腰繫過鞋帶的女孩……有一天，你就會以你充滿色彩和生命的心感召世人，就像小的時候我跟你講的那個飛翔在果皮箱上的小女孩。人們愛她，因為她是天使。

懂得在孩子的缺點中發現那一點點優點，並用無微不至的聖潔的母愛呵護著他生命中的那一點點光，那一點點不曾被撲滅的光，總有一天會灑成滿天的星星、月亮和太陽，照亮這個我們深愛著的世界。

讓孩子說出感受，接受孩子的感受

與孩子說話是一種交流，一種尊重。一定的時間，平等的氣氛，耐心的態度，都是與孩子敞開心扉，表達尊重所必要的。如果你希望自己的孩子聰明伶俐，那麼就抽出更多的時間，與孩子說說話吧！

由於突然下雨，原本和同學的野餐計畫被迫取消了。這讓艾瑞克感到很生氣。他在家裡不停地又哭又鬧，還對爸媽發火。

然而，艾瑞克的父親卻很冷靜，他沒有像其他的父親那樣大聲斥責孩子，他想：兒子是用怒氣向我表現他的失望，我應該對他的感受表示理解和尊重，並設法幫助他。

於是，父親對艾瑞克說：「你看上去很失望。」

艾瑞克：「我當然很失望了。」

父親：「你已經準備好了野餐的一切，老天卻下雨了。」

艾瑞克：「就是！這討厭的天氣。」

這時，出現了短暫的沉默，然後艾瑞克主動的說：「哦，不過，可以以後出去玩。」他的怒氣看起來消失了，在下午餘下的時間裡，他再也沒有發過火。

可見，和孩子進行積極溝通，不僅能夠表示對孩子的理解，最重要的是它表達了父親對孩子的尊重，讓孩子的怒氣慢慢地消失。

8 歲的卡爾從學校回來，看上去很不開心。以下是媽媽和他的談話：「你看上去很累。」

「兩個小朋友在圖書館裡吵鬧，老師找不出是誰，就罰我們所有的人在大廳幾乎站了一天。」

「全班同學一天都站在大廳裡？怪不得你看上去那麼累了。」

「但是我跟老師說，『瓊斯小姐，我相信您能找到吵鬧的那兩個學生，所以您不用懲罰我們所有人。』」

「嗯，因為少數人的過錯而懲罰全班的人是不公平的！你能幫助老師看清這點很不簡單。」

「我沒有幫上什麼忙，不過至少她笑了，那是今天她頭一次笑。」

「嗯，雖然她沒有改變主意，不過確實因你改變了心情。」不知不覺中，媽媽糾正了卡爾一些幼稚或者模糊的觀念，把他引向健康發展的道路。

讓孩子自己穿衣服，好嗎？

每個孩子都是一個獨立的權利主體，都希望「做自己的主人」，受到尊重。早上，5 歲的傑佛瑞正在吃力地穿著一件媽媽昨天特意為他買的小毛衣，不過由於傑佛瑞分不清毛衣的正反面，所以這的確是一件讓人頭痛的工作。「傑佛瑞，好了沒有，要不要我幫你？」媽媽焦急地喊道。「我要自己穿！」他堅持著自己的努力。過了一會，媽媽沉不住氣了，因為她必須在 8 點以前趕去上班，在這之前，她還要送傑佛瑞去幼稚園，「我幫你穿。」媽媽伸手要幫他。「不！我不要妳幫！」傑佛瑞搖晃著身體大叫。「別再鬧脾氣了，時間已經不多了。快過來，媽媽幫你穿。」媽媽看著手錶，焦急地說道。「我說過了，不用妳幫！」傑佛瑞往床邊後退了一大步。

媽媽真的生氣了，她一把將傑佛瑞拉了過來：「你真是在浪費我的時間。」媽媽邊說邊強行從傑佛瑞手中奪過毛衣，而傑佛瑞則試圖掙脫媽媽的控制，他像一隻受傷的小獸，拒絕媽媽將毛衣套進他的腦袋。

傑佛瑞的母親雖然是出於好心，而且實際情況也要求傑佛瑞必須快點穿好毛衣，但她沒有尊重孩子的意願和權利，把自己對事物的判斷強加給孩子，致使傑佛瑞在穿衣服這類小問題上抵制母親。在這種情況下，家長與孩子的位置便有了傾斜。父母過分看重自己的權利而忽視了孩子的權利。

我們經常可以看到這種現象：父母抱著孩子向別人展示，自己滿面笑容，孩子卻不高興，因為他可能想睡覺或者自己去玩，而我們成人卻往往憑自己的興趣任意安排他的生活；當父母認為應該出去散步了，即使這時孩子正在高興地玩耍，父母並不顧及孩子的感受，硬是打斷他的活動，把孩子打扮一番就帶他出去了；孩子正在從事一項工作，例如把小石子裝到桶裡去，這時，母親的一位朋友前來拜訪她，於是，母親要求孩子立即把散亂一地的石子收拾起來，然後孩子被帶到客廳見客人。

父母不斷地突然闖進孩子的環境中，去打攪他們，並且不跟他們商量就操縱他們的生活，這從根本上說，是對孩子的不尊重。得不到父母尊重的孩子，會覺得自己的活動沒有任何意義和價值，感到自己軟弱無能，這種感覺會慢慢變成沮喪和缺乏信心，進而壓抑孩子行動的欲望。

得不到父母尊重的孩子，就像在心頭上籠罩著一片烏雲，他在父母的暗示裡覺得自己是無能的，進而陷入冷漠和恐懼之中，形成「自卑」的心理障礙。

要克服這種現象，就必須做到：不要因為自己的過度關心而過度頻繁地打斷孩子玩耍的興趣，置孩子自身的需要於不顧，這是父母自私的一種表現。在孩子反對時仍堅持成人的立場，完全無視孩子的權利，這必然會導致與孩子之間的矛盾。

父母要建立這樣的意識：孩子雖然年幼無知，毫無經驗，體小力弱，需要自己的保護，但這並不表示父母有權利指揮孩子。尊重孩子，也是尊重你做父母的權利。父母要適時給孩子一些成長的空間，保留一定的權利，這樣他才不再感到失敗。

孩子也有點餐權

父母必須學會與孩子合作，對孩子的正當需要有足夠的重視。孩子雖小，但畢竟也有自尊的需求。其實相互平等及尊重的關係不僅僅存在於成人之間，也存在於成人與兒童，以及兒童與兒童之間。

父母和孩子都是平等的，孩子的成長需要父母的尊重。尊重你的孩子包括尊重孩子的隱私，尊重孩子的思想，以及尊重孩子的朋友。

尊重孩子的隱私

男孩喜歡寫日記，他用這種方式記錄自己的想法和每天的活動。媽媽擔心兒子胡思亂想，耽誤學業，於是經常偷偷翻看兒子的日記。男孩雖然一直懷疑自己的日記本被人動過，但是一直沒有證據。

這天，男孩去上學了，媽媽習慣性地走到兒子房裡，開始翻看兒子的日記。這次兒子在日記裡寫的是媽媽，他深情地寫道：「媽媽，您頭上的白頭髮又多了起來，您這是為我累的呀！媽媽，您一定要珍惜自己的身體啊！為了表達我對您的愛，我把您的白頭髮珍藏在日記本裡。」

看到這一段字，媽媽感動得流下了眼淚。然而，她卻沒有發現本子裡有白頭髮。媽媽以為是自己弄丟了，就從頭上拔了一根白髮，夾在兒子的日記本裡。晚上，男孩放學回來。拿出日記本，他發現了裡面的白頭髮，就對媽媽說：「媽媽，您又看了我的日記！」

「怎麼會呢，那根白頭髮不就在你的日記本裡嗎？」媽媽說。

「媽媽，我根本就沒放白頭髮。」兒子笑著說。

每個人都有自己的隱私，孩子也不例外。尊重孩子的隱私就能夠贏得孩子的尊重。

尊重孩子的選擇

在美國，曾有一個三口之家到餐廳用餐，服務生先問母親點什麼，接著問父親點什麼，之後問坐在一邊的小女兒：「親愛的，妳要點什麼呢？」

女孩說：「我想要熱狗。」

「不可以，今天妳要吃牛肉三明治。」媽媽非常堅決地說。

「再給她一點生菜。」女孩的父親補充說。

服務生並沒有理會父母的提示，目不轉睛地注視著女孩問：「親愛的，熱狗上要放什麼？」

「哦，一點番茄醬和芥黃醬，還要……」她停下來怯怯地看一眼父母，服務生一直微笑著耐心等著她。女孩在服務生的目光鼓勵下說：「還要一點炸薯條。」

服務生直接走進廚房，留下目瞪口呆的父母。

這頓飯小女孩吃得很開心，回家的路上，她還在不停地說說笑笑，最後，她走近爸爸媽媽，開心地說：「你們知道嗎？原來我也能夠受到他的重視。」

孩子尊重父母並不一定透過對父母言聽計從來表示。讓孩子養成尊重父母和他人的習慣，最基本的方法之一是：尊重他們並要求他們用尊重回報我們。

尊重孩子的朋友

國中生薇薇性格開朗，為人熱情、大方，和班上許多同學的關係都非常好。

薇薇生日那天，班上好多同學都帶著生日禮物來替薇薇祝賀。大家七手八腳，洗菜做飯，海闊天空地閒談，忙得不亦樂乎。

薇薇的父母滿臉不高興，可是當著薇薇同學們的面又不好發作。午飯後，等同學們一出家門，薇薇媽媽就把薇薇叫來訓話：「妳已經是國中生了，主要任務該是讀書，不應該與那些不三不四的人來往。」

薇薇中午便看到了媽媽陰沉的臉色，而現在媽媽居然批評她的朋友是「不三不四」的人，薇薇氣也來了，大聲說道：「什麼『不三不四』，他們都是我的同學，難道妳以前就不到同學家玩嗎？再說同學之間多來往能夠培養社交能力……」

還沒等薇薇把話說完，媽媽已厲聲打斷她：「我不是不要妳的同學來玩，妳是女生，幹嘛要與一群男孩子玩？來了一窩蜂，吵吵鬧鬧的，真煩死人了！一個小孩子家培養哪門子社交能力？」薇薇聽完，氣得哭了起來。

作為父母，最好不要干涉孩子的交友，因為尊重孩子的朋友，也就是尊重你的孩子。

延遲滿足

從小培養孩子的耐心

控制衝動、節制欲望是一個人取得成功的重要因素，它比智商更具有預測性，而且可以透過後天學習獲得。童年教育是培養節制品格的開始，所以父母在孩子的早期教育中，應將孩子自制力的培養置於重要地位。

延遲滿足

為了研究控制欲望與成功的關係，美國心理學家華特．米歇爾（Walter Mischel）和他的實驗人員曾做過一個經典的「成長追蹤實驗」。

華特．米歇爾選擇了一所幼稚園，並在幼稚園選出十幾個 4 歲兒童，將一些非常好吃的軟糖按每人一顆發給這些孩子，同時告訴他們：如果馬上吃，就只能吃手裡這一顆；如果等 20 分鐘後再吃，則能吃到兩顆。在美味的軟糖面前，任何孩子都將經受考驗。

在這批兒童中，有些孩子急不可耐，馬上把糖吃掉了。另一些孩子卻決心等待對他們來說是漫長的 20 分鐘。為了能使自己堅持到最後，他們或閉上眼睛不看軟糖，或頭枕雙臂、自言自語、唱歌，有的甚至睡著了。最後，他們終於熬過了對他們來說漫長的 20 分鐘，吃到了兩顆糖。

華特．米歇爾和他的實驗人員把這個實驗一直繼續下去，他們對接受實驗的孩子進行了追蹤調查，這項實驗一直持續到孩子們高中畢業。結果發現：在 4 歲時就能以堅韌的毅力獲得兩顆軟糖的孩子，到了青少年時期仍能等待，耐心不急於求成，表現出更強的社會競爭性、較高的效率和較強的自信心，更加獨立、主動、可靠，能較好地應對挫折，不會手足無措和退縮，為了追求某個目標，他們像幼年時一樣，仍能抵制「即刻滿足」的誘惑。

而那些急不可耐，經不住軟糖誘惑，只吃到一顆糖的孩子，在青少年時期更容易有固執、優柔寡斷和壓抑等個性表現，他們往往屈從於壓力並逃避挑戰。在對這些孩子分兩級進行學術能力傾向測試的結果顯示，那些在軟糖實驗中堅持時間較長的孩子的平均得分高達 210 分。後來幾十年的追蹤觀察也證明：那些有耐心等待吃兩塊糖果的孩子，事業上更容易獲得成功。

華特・米歇爾把用於分析孩子承受延遲滿足的能力稱為「延遲滿足」，一個很通俗的解釋就是能夠等待自己需要的東西到來，而不是想到什麼就要什麼。這個實驗的最終結果顯示：面對「誘惑」，孩子當初做出的選擇不僅反映出他的性格特徵，而且在一定程度上預示了未來的人生道路。

那些在 4 歲時就能夠為兩塊糖果等待的孩子，顯然具有較強的競爭能力、較高的效率以及較強的自信心。他們能夠更好地應付挫折和壓力，他們不會自亂陣腳、惶恐不安，不會輕易崩潰。因為他們具有責任感和自信心，辦事可靠，所以普遍容易贏得別人的信任。

而那些在當年經不住誘惑的孩子，其中約有 1/3 的人顯然缺乏上述特質，心理問題也相對較多。社交時，他們羞怯退縮，固執己見又優柔寡斷；一遇挫折就心煩意亂，把自己想得很差勁或一錢不值；遇到壓力往往退縮不前或不知所措。

這一調查的結果可以說是對節制價值的很好印證。它說明控制衝動、延緩滿足是一個人取得成功的重要因素，它比智商更具預測性，而且後天可以練習。

耐心的小維尼

只有那些有耐心的父母才可能把孩子培養成有耐心的人。要訓練孩子的耐心和耐力，父母首先必須有耐心，能夠沉住氣。

媽媽正在埋頭工作，小維尼走過來央求：「媽媽陪我到公園去玩嘛。」

媽媽頭也沒抬地對小維尼說：「媽媽工作正做到一半，等媽媽把文章整理完就出去。」

過了一會，維尼又來催促媽媽：「媽媽，還要等多久？我現在就要出去。」「維尼，媽媽急著趕工作，妳先玩一下玩具，還得再等等媽媽。」聽到這些，維尼悶悶不樂地到自己房裡看故事書去了。

媽媽做完工作之後去叫維尼：「我完成工作了，走吧，媽媽帶妳出去玩。」「不，等一等，這個故事我正看了一半。」女兒捧著一本書，模仿著媽媽的口氣說道。

媽媽沒有生氣，她並不因為女兒的故意模仿而惱怒，她認為這是教育孩子懂得「延遲滿足」的好機會，也是對女兒的尊重。因此，媽媽很有耐心地坐在客廳的沙發上等起了女兒。最後，等到小維尼讀完那個故事，母女倆才一起出門。

在現實生活中，孩子往往欲求過分。或者是剛吃過一份冰淇淋還想再吃一份，剛買過一個玩具，還想再買一個；或者是不管什麼需求，一想到就要求父母必須馬上滿足，否則就會哭鬧不停。

父母要讓孩子學會「等待」，對孩子的一些日常玩樂、享受的需求給予延緩滿足。最好讓孩子做出適度努力後，再滿足他的欲求。如果孩子想得到新衣服，就要學著自己洗衣服、刷鞋子、整理床鋪。還可以採用積分制，每做一件值得鼓勵的事，就加幾分，累積到一定數量，可以讓孩子獲得想要的某種獎勵。

孩子產生「欲求過分」的問題，表面上看原因似乎在孩子身上，實際上源頭還是在家長身上。是家長「有求必應」的行為滋長了孩子的這種習慣和心態。

家長要學會說「等一等」

通常，孩子年齡越大，欲求的東西越多，從小對孩子的需求給予「延緩滿足」，就能培養孩子良好的自制能力，對孩子的成長意義深遠。

英子對媽媽做的蒸蛋總是百吃不厭。

一天，媽媽正在廚房做蒸蛋，英子聞見香味跑了進來。

「媽媽，我要吃蒸蛋。」

「蒸蛋還沒有蒸好，再等幾分鐘吧。」

「我現在就要吃。」3 歲的英子開始撒嬌。

「蒸蛋還沒有做好怎麼能吃呢？妳先去吃塊麵包吧。」媽媽說。

「不，不，我就要吃蒸蛋。」英子甚至開始揉眼睛，企圖讓媽媽答應她的要求。

媽媽知道女兒自制能力差，難以抵制外在的誘惑和內在的欲望。為了讓她明白什麼是等待，媽媽把她帶出了廚房，不再理她了。

過了 5 分鐘，女兒又跑回廚房，焦急地對媽媽說：「我要吃蒸蛋。」

蒸蛋的確已經做好了，但為了鍛鍊女兒的耐心，媽媽並沒有立刻給她，而是讓她再安靜地等一會兒。她告訴女兒：「再等一等，蒸蛋雖然做好了，但它現在很燙，妳不能吃。」

「不，我不怕燙，我現在就要吃。」英子哭鬧起來。

媽媽沒有再多說什麼，她自顧自地開始收拾餐具。見到媽媽這樣對自己，英子生氣地跑回自己房間哭了起來。

過了一會兒，蒸蛋已經涼了。媽媽把它放在了餐桌上，對女兒說：「好香的蒸蛋呀，現在可以吃了。」

英子沒有反應，媽媽知道她還在生氣，並不理會她，繼續做其他的事。過了一會兒，英子悄悄地從房間裡走了出來，到餐桌前吃起了蒸蛋。

許多父母不能理性地看待孩子的過分欲求，常常在有意無意中縱容和培養了孩子的這種心態和習慣。為了滿足孩子馬上喝水的要求，父母把熱水從保溫壺倒進大碗，又從大碗倒進小碗，最後還不斷地用嘴吹，試圖讓水盡快涼下來。

為了立刻滿足孩子的喝水要求，父母動用了五六個容器，無暇顧及其他事情，孩子還在旁邊急得直跺腳，大人則在忙亂中不斷地安撫著：「就好了，就好了，快了，快了。」如果父母被動滿足孩子的每一個要求，那麼父母就會成為孩子的奴隸，即使忙得四腳朝天也不會讓孩子得到一半的滿足。

自制力等良好的特質是成功者的重要心理素養。父母在孩子的早期教育中，應將孩子自制力的培養置於重要地位。童年的教育是培養節制品格的開始，「延緩滿足」練習是培養孩子節制品格、提高孩子的自制力的重要方法。

在孩子的成長中，孩子的生活並不會隨時都會有父母的呵護，最重要的是，我們應該設法讓孩子懂得：世界不是以他為中心，因此，必須學會等待，學會控制自己的情感和行為。英子的媽媽則理智地利用「等一等」的方法，有意識地訓練了孩子的自制能力。

學會容忍，學會克制

人必須學會在大小事情上進行自我克制，脾氣要服從理性的判斷。哪怕對自己一點小小的克制，也會使人變得強而有力。也許一個人地位低微，但是，如果他擁有一種快樂的性情，那麼，他的靈魂就會因而偉大、高貴和崇高。

法拉第是一個性格倔強、脾氣古怪甚至有點暴躁的人，在他溫文爾雅的背面，是火山一般熾烈的激情。他是一個容易激動甚至脾氣暴躁的人，但是，他高度自律。「他把他火一般的激情化做一束主要的『光芒』，並使其成為他生命的不竭動力，而非任由他火熱的激情白白浪費掉。」廷得耳教授說。

在法拉第的性格中，有一點特別值得我們學習 —— 自我克制能力，即一種極其類似於自我控制的特質。自我控制能力是個體在沒有外界監督的情況下，適當地控制、調節自己的行為，抑制衝動、誘惑，延遲滿足，堅持不懈地確保目標實現的一種綜合能力。它是自我意識的重要成分，是一個人走向成功的重要心理素養。在這個世界上，誘惑無處不在，欲望隨時會產生。但是法拉第把全身心的精力都投入到化學事業中，堅決抵制一切誘惑，專心沿著純科學之路探尋、求索。正如廷得耳所說：「綜觀他的一生，這位鐵匠的兒子、裝訂工的學徒，不得不在 15 萬英鎊的鉅額財產和他所熱愛的科學事業之間決定取捨。他義無反顧地選擇了後者，死時他一貧如洗。但是，他的名字在 40 年裡一直光榮地列於英國科學名人錄的榜首。」

詹姆士．奧崔門（James Outram）也具有這種傑出的、高尚的、自我克制特質，不過，他是在一種完全不同的生活環境中展現這種特質的。在他的一生中，他高尚的寬容精神特別突出。作為一名高級軍官，奧崔門即使不贊同某項政策，他還是會盡力去貫徹執行它，在其義務範圍內，他絕不動搖、畏縮。

詹姆士·奧崔門的自我克制能力充分展現在一個故事裡：戰爭期間，上級派給他一支強大的部隊去援助正在攻打勒克瑙的哈夫洛克。作為一名高級軍官，他完全有權擔任主要指揮官；但是，鑑於哈夫洛克已經做的一切，他極其無私地把結束戰鬥的光榮任務交給了這位部下，而且他自願為哈夫洛克提供幫助。

人類必須容忍和克制，脾性必須服從於理性的判斷，必須盡量避免壞心情、壞脾氣影響自己，避免養成尖酸刻薄、好挖苦人的習慣。—— 旦人們的思想鬆懈，這些東西就會乘虛而入，捲土重來，就會在我們的本性上為它們建立永久的基地，就會永遠盤踞在我們的心靈中。

培養孩子的自我克制能力，培養他的理性思考和判斷能力，是孩子今後能夠取得成功的必要前提。如果一個人想光榮、和平地度過其一生，他絕對有必要學會無論在大事小事上都要自我克制。

珍惜孩子的「三分鐘熱度」

控制自己生氣的衝動，控制自己的情感是一個人應該必備的基本素養，也是一個人心理成熟的要素之一。父母要著力從小培養孩子的這項特質。訓練孩子情感控制可以透過一些小遊戲來實現。

「取棍子」遊戲

勞倫斯．夏皮羅在《我家小孩高 EQ：讓孩子樂觀合群地成長》中介紹的「取棍子」遊戲，是一種指導孩子進行自我控制的傳統訓練方法。

在遊戲中，一個叫邁克的孩子全神貫注，要把綠棍子下的紅棍取出來。因為太專心，手都有些發抖了。他只有在不碰到綠棍的前提下，移動紅棍，才可以把紅棍取出來。這時另一個孩子對著邁克做鬼臉，對著他的耳朵吹氣，還說他是塌鼻子，屁股腦袋，試圖分散他的注意力。

邁克全然不為所動，慢慢呼吸，放鬆肌肉，眼睛緊盯著目標。他知道要想贏得這場遊戲，必須排除他人惡作劇的干擾，集中注意力。他在內心克制著自己，終於，他成功地把紅棍子取出來了。

這項遊戲內容很簡單，但需要參加者能集中注意力，具備很好的動作協調能力，目的是教會孩子情感控制技能。

情感教育必須針對大腦思維和情感兩部分。孩子在遭到取笑時，只告訴他怎麼做是不夠的，應該同時學會控制自己的憤怒情緒。

孩子生氣時，會臉色通紅，身體發緊，高度緊張，在動作、面部表情和體態上都有表現。成功的訓練方法是要孩子首先認識這些標誌，然後透過深呼吸、分散注意力等辦法，使自己身體平靜下來，最後完成遊戲。還可以把訓練過程記錄下來，讓孩子看看自己當時的表現，這樣更有利強化他的情感控制技能。

除此之外，訓練情感控制還有其他的方法，比如讓孩子學會協商而非爭論打鬥的方式解決問題。具體來說，可以從以下步驟實現：

首先，兩個孩子面對面坐著，同意透過協商解決問題，尊重對方意見，不罵人，不取笑人。每人先陳述自己的想法（想要什麼，為什麼要），然後陳述對方的要求。每個人都必須擁有表達自己觀點的權利，否則就不可能成功地達成協商。

協商的精髓就是最終實現雙贏。每人必須同意至少 3 條可能的解決辦法，其中有妥協，但雙方都不失立場。然後，兩人權衡每一種方案。到此時，他們已經站到一個戰壕裡，共同尋找雙方滿意的解決辦法。

最後，兩人訂下協議，將最好的方案付諸實施。協議應詳細說明執行方案的人員、內容、時間、地點和方法等。

這種方法適合年齡稍大一點的孩子。人們發現，在訓練過程中，自我控制能力差、經常與人發生衝突的孩子，能更有效地充當起調停人的角色，他們自己的行為能夠戲劇性地得到改善。

「注意看」遊戲

兒童教育專家認為，只有先讓孩子養成專心的習慣，他才有可能在成人後對自己的事業全身心投入，不會被其他事情干擾。而且有了專心的習慣，他的記憶力及自我控制能力還會有所提高。「注意看」遊戲是培養孩子專心做事的方法。

斯特娜和女兒維尼芙雷特常玩這種遊戲。這種遊戲引起孩子的極大興趣，而且激起孩子的好勝心以及不服輸的精神。

斯特娜用的辦法是，一隻手抓住五六根彩色的髮帶，在女兒面前一晃而過，然後問女兒有幾根。剛開始時，速度比較慢，讓孩子有足夠的時間注意看。後來速度越來越快，到最後只是眨眼間的事。起初女兒說不準，但後來準確率就大大提高了。剛開始玩遊戲時，女兒輸的次數比較多，後來女兒猜對了，就反過來考媽媽，媽媽反而輸得更多。每到此時，女兒童心大起，並開始責怪外婆為什麼不早點用這個方法訓練媽媽。

除此之外，斯特娜還會給女兒一個有各種圖案的小花瓶，讓女兒觀察一分鐘，然後讓女兒說出上面有幾種圖案，是什麼顏色。或者把孩子領到一個房間裡，讓孩子看看有什麼東西，然後對房間裡的東西做個變動，再讓女兒觀察，看能否說出變化。

這些「注意看」的遊戲主要是培養孩子的注意力，也有利於培養孩子的節制品格。因為孩子要在遊戲中取勝，必須在一定時間內，克制著自己，確保注意力不分散，集中於某一對象上。如此反覆訓練，不但提高孩子的觀察力，培養了孩子自律自制的品格，還訓練了孩子的記憶力。

「三分鐘」遊戲

另外還有一種名為「三分鐘」的耐性訓練法，它同樣也是訓練孩子專心致志的好方法。

皮奈特只愛看電視和玩遊戲，對書本不感興趣。一天，父親拿著個沙漏，告訴他說，這是古時候的鐘錶，裡面的沙子全部漏下去時，正好是3分鐘。皮奈特想玩玩這個沙漏。這時父親說，以沙漏為計時器，和爸爸一起看故事書，每次以3分鐘為限。皮奈特很高興地答應了。皮奈特果然靜靜地坐下來聽爸爸講故事。但事實上他根本沒有留意看書，而是一直看著那個沙漏，3分鐘一到，便跑去玩了。

父親沒有氣餒，他決定多試幾次。這樣數次之後，皮奈特的視線漸漸由沙漏轉移到故事書上了。雖說約定3分鐘，但3分鐘過後，因為故事情節吸引人，皮奈特聽得特別入神，他要求延長時間，但父親堅持「三分鐘」

約定，不肯繼續講下去。皮奈特為了早點知道故事情節，就自己主動閱讀了。

父親用這種循序漸進的訓練方法，對皮奈特進行潛移默化的教育。這實際上是透過孩子感興趣的東西，使孩子的注意力在一定時間內專注於某一對象，久而久之，孩子養成習慣，也就提高了自制力。

3 分鐘，正好適合孩子注意力的特點，3 分鐘後立即打住，既使孩子覺得父親守信，也利用孩子的好奇心，引發他主動學習的動力。當然，父母要有耐心和恆心，不要試了一兩次後覺得沒效果就放棄了。

另外，節制包括對自己精神方面的克制，也包括對自己欲望的自制。自律的節制品格表現在對待財物上就是節儉。因此，從小培養孩子生活節儉的習慣，也是培養孩子節制品格的一部分內容。

感覺剝奪

讓孩子親自品嘗生活的滋味

大腦的發育、人的成長、成熟是建立在與外界環境廣泛接觸的基礎之上的。豐富多彩的外界環境是智力和情緒等心理因素發展的必要條件，我們應讓孩子積極感受豐富多彩的外界環境，從環境中獲得更多的知識和資訊。

感覺剝奪

1954 年，在加拿大蒙特婁海勃（Hebb）實驗室，心理學家進行了「感覺剝奪」實驗。

實驗中，受試者按要求戴上了半透明的護目鏡，使其難以產生視覺；用空氣調節器發出的單調聲音限制其聽覺；在他們的手臂上戴上紙筒套袖和手套，用夾板固定腿腳，來限制其觸覺。

受試者被安排在幾個單獨的實驗室裡，幾個小時後開始感到恐慌，進而產生幻覺……在實驗室連續待了三四天後，他們產生了許多病性心理現象：對外界刺激敏感，出現錯覺、幻覺；注意力渙散，思維遲鈍；產生緊張、焦慮、恐懼等負面情緒，精神上感到難以忍受的痛苦，他們急切要求停止實驗。在實驗停止後數日，他們才恢復正常。

透過這個實驗，心理學家們發現：感覺是人最基本的心理現象，透過感覺我們才能獲得周圍環境的資訊，並適應環境求得生存。大腦的發育，人的成長、成熟是建立在與外界環境廣泛接觸的基礎上的，豐富多彩的外界環境是智力和情緒等心理因素發展的必要條件。

由於適應環境是以資訊平衡為前提的，資訊不足或資訊超載都會導致身體機能的嚴重障礙。資訊不足的原因之一就是「感覺剝奪」（指將志工和外界環境刺激高度隔絕）。在「感覺剝奪」的狀態下，各種感覺器官接收不到外界的任何刺激訊號，經過一段時間後，就會產生實驗中的病性心理現象。

世界是廣泛連繫的，人的成長和成熟必然建立在盡可能多地和外界接觸的基礎上。在日常生活中，人們漫不經心地接受各種刺激，進而由此形成各種感覺，這是一種本能，是必不可少的。只有更多地感受外界的接觸，並加強和外界的連繫，才可能擁有更大的力量，獲得更好的發展，人的心理和思想境界才能達到最佳。可以說，廣泛連繫是心理潛能激發的第一步。

廣泛連繫對孩子尤為重要。很多家長對孩子過於關心，生怕各種意外和疾病，怕孩子吃苦，於是把孩子放在較好的環境中，這樣反而限制了孩子的成長，引發孩子心理的不健全，使孩子眼界狹小，心胸狹隘。

我們應當讓孩子積極感受豐富多彩的外界環境，讓孩子去嘗試做每件事情，從環境中獲得更多的知識和資訊。這樣，他們的動手能力就會增強，眼界就會開闊，心胸就會更加寬廣。

不吃魚油的狗

有時候，並不是孩子不喜歡嘗試某類事物，而是父母的強迫態度讓孩子產生反感，如果父母沒有讓孩子產生被剝奪的感覺，孩子一定會去嘗試接觸各種事物。

吉米愛狗愛到痴迷的程度，他十分願意花錢為自己的愛犬購買昂貴的健康食品。一個偶然的機會，他聽人說吃深海魚油對狗的發育很有幫助，於是他購買了大量魚油。

這天一大早，吉米就把狗抓來，用雙膝夾緊狗頭，勉強牠張開大嘴，然後對準喉嚨灌進一大瓶子的昂貴魚油。但小狗總是很不合作，牠把頭扭來扭去，致使魚油溢流滿地。

吉米很生氣，他氣憤地想打愛犬，卻看到狗兒自己轉過身來，靜靜地舔食流到地上的魚油。此時，吉米方才明白，狗兒所抗拒的不是魚油，而是他餵狗的方式。

父母愛護孩子常常像吉米對待自己的愛犬一樣，他們恨不能把自己所有認為好的東西都塞給孩子，卻常常忘了詢問孩子是否需要，或者是否喜歡這種方式。在孩子犯錯的時候，父母常常扮演消防隊的角色，到處救火。其實我們永遠不能代替孩子經歷人生，頂多只能成為一個引導者，最終必須讓孩子自己與自己面對面。

盧克不愛吃青豆，而爸爸卻認為青豆對身體成長有利，總是逼他把那些小東西吃下去。

這天，家裡的餐桌上又出現了一盤青豆。無論爸爸怎麼要求，盧克就是緊閉嘴巴不肯吃。經過一個多小時的「較量」，爸爸仍然沒能達到目的，而盧克則眼淚汪汪地緊閉雙唇坐在那裡。

爸爸很生氣，他強硬地把一勺豆子設法塞進了盧克嘴裡。但是，盧克根本就不肯把它們嚥下去。

晚飯結束後，媽媽哄盧克睡覺，她發現那些青豆仍留在他嘴裡。第二天早上，媽媽在盧克的床底下發現了一小堆糊狀的豆子。

爸爸媽媽都很困惑，盧克為什麼會那麼倔強？

事實上，盧克之所以倔強，不在於他多麼討厭青豆，而在於父母剝奪了他選擇食物、體會生活的方式。對於孩子，最主要的是讓他們體驗生活，當你給孩子嘗試的機會時，你會發現他們往往朝著你期望的方向發展。

如何改掉孩子的賴床毛病？

每天早上如何讓孩子起床，相信這是大多數父母的煩惱。大多數孩子都有賴床的毛病，父母總是一次次地催促孩子起床上學，他們或者溫柔叫喚，或者直接掀開孩子的被子，逼迫他們「起床、刷牙」。孩子滿腹牢騷，他們討厭父母打擾他們的睡眠、破壞他們的美夢，父母也不厭其煩，早起的好心情可能就在這吵吵鬧鬧中失去了。

8 歲的艾蜜莉喜歡睡懶覺。每天，她都希望在床上多待幾分鐘，而這幾分鐘總是一拖再拖，直到誤點。對此，媽媽有時會發脾氣，甚至大發雷霆，無奈的艾蜜莉總是慢慢起來，很不高興地吃早飯。

每天的叫喊讓媽媽很不滿，也感到很累。艾蜜莉也一樣，她甚至覺得是媽媽的原因讓自己遲到了，如果媽媽不再那樣催促，自己肯定能很早就起床。

艾蜜莉生日那天，媽媽送她一個小鬧鐘作為禮物，另外在禮物盒子裡還有張小紙條，紙條上寫道：親愛的艾蜜莉，妳不喜歡太早被別人叫醒。現在妳可以自己做主，愛妳的媽媽。

第二天早上，當鬧鐘響了之後，艾蜜莉一下子從床上跳了起來。媽媽對艾蜜莉說：「親愛的，太早了，妳怎麼不多睡 5 分鐘呢？」

艾蜜莉一邊穿衣服一邊回答：「不，我上學要遲到了。」

一直困擾母女兩個的早上起床問題得到解決，艾蜜莉和媽媽的關係更加融洽了。

與其強迫孩子起床，不如讓鬧鐘自動提醒孩子，一旦給孩子一個寬鬆的環境，每個孩子都能從生活中獲得體驗。

日本教育家鈴木教授曾說，只要用心，培育一個智商 150 的兒童一點都不難。在鈴木兒童園地裡的兒童，智商平均在 135 ～ 150 左右，有些甚至高達 180。他們在入園以前都是很普通的孩子，學校也並未以提高智商為主要的教育目的，但是透過體驗教育，孩子的智商都有很大的提高。

現在的幼兒教育主要局限於音樂、繪畫或體育方面，而實際上，幼兒教育應該沒有限制，無論什麼都可以，換句話說，就是要讓他實際去看、去聽。

在日本九州幼稚園，幼稚園老師常常帶三四歲的兒童去觀看村裡的祭典。從廟前老先生的揮拳弄掌、抬轎，到舞獅表演都讓孩子觀賞。老師還帶他們去看農夫種田、除草。

令父母非常吃驚的是，回到幼稚園後，孩子們能從頭到尾記住祭典的內容，跟著揮拳弄掌，模仿抬轎，對獅子有興趣的孩子還會跟著舞獅。此外，他們還在幼稚園旁邊開闢的田圃裡種起了菜。

三四歲的兒童能達到這種地步，實在是不可思議。孩子們詳細觀察他們感興趣的事物，對微不足道的地方也很注意，跟著學習，透過直覺地觀察，捕捉到事情的精華所在。所以老師們根本不必告訴他們必須看什麼，只要讓他們實際體驗就可以了。實踐是檢驗真理的唯一標準，只有親身經歷過，孩子們才能獲得經驗，並隨著經驗的累積掌握價值非凡的知識。

做孩子忠實的觀眾

好的教育一定把犯錯看成是教育的良機，使孩子在犯錯中成長。當孩子犯錯的時候，我們不能護短，護短只會越護越短。犯錯是幼兒的天性，我們要允許孩子犯錯，當孩子犯錯時，要幫助孩子找到犯錯的原因，分析利害，督促其改正不再犯。

在體驗教育上，東西教育方法存在著很大的差異。一些亞洲的家長願意為孩子付出一切，認為多替孩子做一些，孩子就少辛苦一些。但是他們沒有意識到，「走冤枉路」後獲得的記憶更為強烈，讓孩子去「走冤枉路」其實也是一種學習方法。

一群孩子正在一起玩沙土。一個美國孩子用小鏟子把沙子往漏斗裡裝。沙子順著漏口往下漏，漏斗總也裝不滿。孩子歪著腦袋看了半天，然後他用手指頭堵住漏口，等沙子裝滿就把漏斗拿到瓶子口邊，再放開手，讓沙子流進瓶子。

由於沙子漏下的速度很快，從孩子拿開手指到漏斗對誰瓶子口，沙子剩不了多少。但孩子絲毫不洩氣，一點一點地做著。

終於，孩子弄明白了：他等到漏斗口對準了瓶子再倒沙子，瓶子很快就被裝滿了。孩子笑了，高興地看著身後的媽媽，而他媽媽正鼓掌為他慶賀。

同樣，一個臺灣孩子也在用小鏟子把沙子往漏斗裡裝。但是臺灣孩子拿起漏斗，沙子從底部漏掉時，媽媽立刻蹲下說：「來，媽媽教你！把漏斗對準瓶子口，再把沙子從這裡灌下去。」

許多亞洲父母總是竭盡全力來預防孩子犯錯，一旦犯錯又竭盡全力讓孩子避免懲罰，以為孩子犯錯一定是父母教育不好，要替孩子受過。

作為父母，我們應該認真地反思一下：到底怎樣幫助孩子？是代替他們做事，還是讓他們自己做事？是處處表現父母厲害，還是讓孩子證明自己可以？在孩子成長的舞臺上，父母是充當導演，還是做觀眾？

美國小孩的母親做出了生動的解答：做孩子忠實的觀眾！為孩子的成

功喝采！成長中的孩子，最缺少的是「觀眾」。如果有人欣賞自己，他們會幹勁十足。

給孩子「知」的喜悅，會使因辛苦而產生的挫折感一掃而空。我們的父母，常常無意中剝奪了孩子從失敗中獲得經驗的機會，也無意中剝奪了讓他證明自己能力的機會。

請孩子幫幫忙

為了學習，很多父母都不讓孩子做家事，沒有培養孩子從小勤勞的品格。須知，讓孩子自己整理個人的小床、倒掉廢紙簍、除草、打掃環境等這些勞動，既能提高孩子的動手能力，也可以增強孩子的各種情感體驗。事實證明，不做家事的孩子，在長大成人後可能會有各種性格上的缺陷。

孩子在做家事的同時，也是培養其正確的勞動態度的過程。勤勞不光是靠理論說教，更多的是讓孩子在勞動過程中體驗。對孩子來說，勞動實踐是學習知識、了解認識社會的重要途徑。孩子日常的家事訓練正是難得的學習機會。如果在他的記憶中只有書本知識堆砌，沒有運用知識指導實踐的體會，很難激發出孩子進一步的求知欲望和熱情。

孩子的勞動習慣與自立、自理能力是連在一起的。相關分析顯示：做家事時間與兒童的獨立性有顯著關係，即兒童勞動時間越長，其獨立性越強。我們無法想像一個孩子在家裡什麼工作都不做，當他離開父母的時候，能夠遊刃有餘地在複雜的社會中生存發展。勞動不是光靠抽象的理解就可以勝任的，需要經歷一個由生到熟、由簡到繁的實踐鍛鍊過程。

如果孩子從小沒有得到最基本的勞動鍛鍊，就不會懂得勞動果實是多麼來之不易。很簡單的例子，假如孩子自己不洗衣服，就不可能理解大人洗衣服的辛苦，也不會注意保持衣服的清潔，即使大人告訴他幾百次，他仍然不會注意。這就在無形之中為親子間的體諒和溝通設定了障礙，也使得父母終日辛勞不得解脫，卻難以得到孩子應有的情感回報，讓人產生「可憐天下父母心」的感慨。

由於勞動的缺乏，許多孩子不懂得珍惜擁有的物品，看不起體力勞動，看不起從事體力勞動者，這對他的健康成長非常不利。

相比較而言，西方父母在這方面做的要比亞洲父母好。在普通的美國家庭中，每一位成員必須完成他們一定的家務勞動，像洗臉、刷牙、穿衣服這些生活自理方面的事，則屬於孩子自己的事情，稱不上是家務勞動。

美國父母分派家務勞動給孩子時很注意孩子的接受能力。每一位 5 歲以上的孩子都可以做上一兩件家事；小一點的孩子可以取報紙和信件；十幾歲的孩子則可以用吸塵器除灰，每天早上幫忙操作洗衣機等。

大部分美國孩子常做的家務勞動有以下幾種：

幫助父母安裝或修理一些舊東西。當孩子將舊東西一件件拆除的時候，他必須注意記住各部分的結構和組合，這能挑戰孩子的記憶力。

幫助父母換掉水龍頭中用舊的墊子、更換保險絲、安裝擋風窗戶等。透過這些工作，父母往往把自己的一些生活技巧教給孩子。

除此之外，還有打掃環境、整理花園或庭院、洗衣縫補等家務勞動。這些工作的分配並不是父母隨心所欲的，他們有著科學嚴謹的方式：

每週一次，列出每個孩子所要做的家事及其內容，以便掌控好勞動量，不讓勞動成為孩子的負擔。

確定每項任務的期限和次數。如果垃圾需要星期一和星期四去倒，把它寫在單子上。某些家事輪流去做，這樣能讓每個孩子都有機會去做沒興趣以及最容易做的工作。

檢查孩子的完成情況。既可以督促孩子，也能讓孩子產生完成任務的成就感。

列出父母應做的事情。不能讓孩子有一種不公平感，認為父母只是在吩咐他們去做家事，父母應該使孩子知道自己做的工作比他多得多。

向做家事的孩子道謝。父母要經常告訴孩子對他們的幫助多麼感激，這種發自肺腑的真誠感謝會令孩子更積極地成為父母的好幫手。

透過和父母一起承擔家務，父母可以讓孩子知道：只有透過自己的勞動，人們才能享受真正的人生，享受真正的生活，才能體驗到創造的快樂。

路徑依賴

從小養成良好的習慣

孩子的習慣就像是走路，如果人們選擇了一條道路，就會一直沿著這條路走下去。因此，從小培養孩子良好的習慣將影響孩子的一生。

路徑依賴

孩子的習慣就像是走路，如果人們選擇了一條道路，就會一直沿著這條路走下去。因此，從小培養孩子良好的習慣將影響孩子的一生。慣性的力量會使孩子不自覺地強化自己的選擇，並讓其輕易走不出自己選擇的道路，生活中的這種現象就被稱為「路徑依賴」。

「路徑依賴」類似於物理學中的「慣性」，日常生活中普遍存在著這種自我強化的機制。一旦人們選擇走上某一路徑，就會在以後的發展中進行不斷的自我強化。關於「路徑依賴」的一個廣為流傳的例證是：現代鐵路兩條鐵軌之間的標準距離是怎樣確定的。

這要從古羅馬說起。古羅馬時代，牽引一輛戰車的兩匹馬的屁股的寬度恰好是四英尺又八點五英寸（約 1.4 公尺），因此，羅馬人以四英尺又八點五英寸作為戰車的輪距寬度。

當時的整個歐洲，包括英國的長途老路都是羅馬人為他們的軍隊所鋪設的，因此，四英尺又八點五英寸成了英國馬路轍跡的寬度。任何其他輪寬的車子在這些路上行駛的話，輪子壽命都不會很長。所以，如果馬車用其他輪距，它的輪子會很快在英國的老路上被撞壞。

最先造電車的人以前是造馬車的，所以電車的標準是沿用馬車的輪距標準。而早期的鐵路是由建電車的人所設計的，因此，四英尺又八點五英寸成了現代鐵路兩條鐵軌之間的標準距離。

更為奇妙的是，人們的這個習慣影響到美國太空梭燃料箱兩旁的兩個火箭推進器的寬度。這是因為這些推進器造好之後要用火車運送，路上又要通過一些隧道，而這些隧道的寬度只比火車軌寬一點，因此火箭助推器的寬度是由鐵軌的寬度所決定的。

所以，最後的結論是：「路徑依賴」導致兩千年前兩匹馬的屁股的寬度決定美國太空梭火箭助推器的寬度的現象產生。

在一定程度上，人們的一切選擇都會受到「路徑依賴」的影響，人們過去做出的選擇決定了他們現在可能的選擇。因此，「路徑依賴」理論被總結出來之後，就被人們廣泛應用在選擇和習慣的各個方面，包括父母該如何培養孩子的習慣。

對於孩子的未來，同樣需要做好路徑選擇。父母應該培養孩子正確的路徑選擇觀點，讓他們從小就懂得取捨，追求生活的真正意義。

爲什麼牽大象要用細繩，而牽小象卻用粗繩？

不好的習慣就像纏在身上的鐵鏈，它無形地限制著你的行為，阻礙你突破自己，走向成功。

在印度或泰國隨處可見這樣的情景：一根小小的柱子，一截細細的鏈子，拴得住一頭千斤重的大象。人們也發現：牽一頭大象，用一條細繩就可以了；而牽一頭小象，卻需要粗繩。

這是因為那些馴象人在大象還是小象的時候，就用一條鐵鏈將牠綁在水泥柱或鋼柱上，無論小象怎麼掙扎都無法掙脫。小象漸漸習慣了不掙扎，直到牠長成可以輕而易舉地掙脫鏈子的大象，牠也不掙扎，細小的繩子就可以使牠聽話。而小象則不同，牠沒有形成被約束的慣性思維，儘管力量小，卻比成年大象危險。

大象已被約束慣了，牠沒有想過自己的力量足以掙脫繩子的控制。約束大象的不是那截細細短短的木樁，而是牠用奴性建築的牢獄，用慣性打造的枷鎖。所以說，小象是被鏈子綁住的，大象則是被習慣綁住的。

同樣的例子還有動物園的獅子。如果一頭獅子在鐵籠中待久了，哪怕管理員放牠出去，牠也不願意。牠沒有看到，在籠外有著多麼遼闊的世界。而只是覺得外面太陌生了，還是籠中更安全。大象和獅子都是地球上重量級的動物，但也臣服於一個小小的固有觀念，可見習慣的力量多麼可怕。

早在很久以前，佛教中就有「知見障」一說。意思是：有時候，我們的知識、見識或者過往經驗會成為我們了解真相的障礙。雖然人的智商明顯會高於動物，但是習慣的力量同樣存在。

人類時時處處都在無意識中培養習慣，這是人的天性。潛移默化中，我們都要受習慣的影響，習慣既可以為我們效力，也可以扯我們的後腿。

比如懶散的習慣、喝酒的習慣以及其他各式各樣的壞習慣會束縛、控制我們大量的時間，它們占用的時間越多，留給我們自己可利用的時間就越少。所謂「煩惱易斷，習氣難改」，這時，習慣就像寄生在我們身上的病毒，慢慢吞噬著我們的精力與生命。

被習慣束縛的人，已經成為習慣的奴隸，碰到任何事情，都想把它們嵌進習慣的框框中，再也無法想出新奇的思路，產生獨特的想法。習慣阻止他們思考與創新，任何事都變成習慣性，漸漸地，他們也就會失去探索和尋求更好方法的欲望。這時習慣就成了惰性的別名。

壞習慣透過不斷重複，由細線變成粗線，再變成繩索，最後又變成鏈子，直到成了不可遷移的習慣與個性，這時，人再想改就需要付出加倍的努力了。

所以，習慣有時是很可怕的東西。人類行為的百分之九十五是透過習慣做出的，但現實情況是大多數人遠遠不肯承認習慣對人類的巨大影響。

正如一位哲人所說：首先，我們培養習慣；後來，習慣塑造我們。只有「無知者無畏」，就如那些小象。

別把「點金石」扔進水裡

一位美國作家說：播種行為，收穫習慣；播種習慣，收穫性格；播種性格，收穫命運。一種好習慣可以成就人的一生，一種壞習慣也可以葬送人的一生。

習慣是成敗的關鍵。事實上，成功者與失敗者之間唯一的差別在於他們擁有不一樣的習慣。人類所有優點都要變成習慣才有價值，即使像「愛」這樣一個永恆的主題，也必須透過不斷的修練，變成好的習慣，才能真正化為行動。

試想，一個愛睡懶覺、生活懶散沒有規律的人，他怎麼約束自己勤奮工作？一個不愛閱讀、不關心身外世界的人，他能有怎樣的胸襟和見識？一個自以為是、目中無人的人，他如何去和別人合作、溝通？一個雜亂無章思維混亂的人，他做起事來的效率會有多高？一個不愛獨立思考、人云亦云的人，他能有多大的智慧和判斷能力？

好習慣實際上是好方法——思想的方法，做事的方法。培養好習慣，就是在尋找一種成功的方法。一個人的壞習慣越多，離成功越遠。很多好的觀念、原則，我們「知道」是一回事，但知道了能否「做到」是另一回事。這中間必須架起一座橋，這橋便是習慣。

從前有一個窮人，偶然花了幾個銅板買了一本書。書本身沒有什麼神祕之處，但書裡面卻藏著一個天大的祕密：裡面一張薄薄的羊皮紙上，寫著點鐵成金石的祕密。

小紙片上寫著：點鐵成金石就是一塊圓圓的小石頭，它能把任何普通的金屬變成純金。你可能在黑海邊找到它，它的外觀跟海邊成千上萬的石頭沒什麼兩樣。關鍵在於：奇石摸起來是溫的，而普通的石頭摸起來是冰涼的。

於是，窮人變賣了所有的家當，露宿於黑海岸邊，立志找到這塊神奇的點鐵成金石。

為了避免重複的勞動，窮人決定，每當撿起的是一塊冰涼的石頭，就扔到海裡。

一天過去了，窮人撿的石頭中沒有一塊是書中所說的奇石。

一個月，一年，二年，三年……窮人還是沒找到那塊奇石。但是，窮人並不氣餒，繼續撿石頭，扔石頭……沒完沒了。

突然有一天早上，他撿起一塊石頭，先一摸，是溫的，然後他就隨手把它扔進了海裡。因為這個扔石頭的動作太具習慣性了，以至於當他夢寐以求、苦苦尋覓的奇石出現時，他仍然毫不考慮地把它扔到了海裡。

英國教育家洛克說：習慣一旦養成之後，便用不著藉助記憶，很容易很自然地就能發生作用了。

拿故事中的窮人來說，他多少年風餐露宿，苦苦尋覓，為的就是那塊點鐵成金石。可是當他找到後，他卻隨手扔到了海裡。不是他不想要那塊奇石，而是往海裡扔石頭的習慣性動作迫使他做出了令人遺憾不已的蠢事。多年點鐵成金夢，也因為壞的習慣，而像肥皂泡一樣頃刻破滅了。

培根說：「習慣真是一種頑強而巨大的力量，它可以主宰人生！」對於孩子來說，要成就學業、事業，要擁有美好人生，必須養成一種好的習慣，否則，也可能把點鐵成金石扔進海裡，而且是不由自主的。

美國科學家曾發現，一個習慣的養成需要 21 天的時間，一旦孩子養成某個習慣，就意味著他將終身享用它帶來的好處。很多成功人士敢揚言即使現在一敗塗地也能很快東山再起，就是因為他們養成的某種習慣鍛造了他們的性格，而性格造就了他們的成功。

正如奧格．曼狄諾所說：事實上，成功與失敗的最大分野，來自不同的習慣。好習慣是打開成功的鑰匙，壞習慣則是一扇向失敗敞開的門。注重習慣的力量，從小培養孩子良好的習慣吧！這對你孩子的一生都有重要影響。

讓孩子自己動手吧！

良好的習慣是可以透過教育來實現的。所謂習慣，就是經過重複練習而鞏固下來的思維模式和行為方式，例如人們長期養成的學習習慣、生活習慣、工作習慣等。常言道：習慣養得好，終身受其益。少小若無性，習慣成自然。可見，習慣是由重複製造出來，並根據自然法則養成的。

在當前社會競爭激烈的大環境下，培養孩子的良好習慣對孩子的身心健康和諧發展有著深遠的意義。

幼兒期是培養習慣的最佳期，在這段時期內，培養孩子良好的行為習慣和生活習慣更為容易。古代家教思想中提出了「教子嬰孩」、「早諭教」，這說明，在孩子無所知、無所疑時，進行教育是容易的。

家庭是孩子成長的第一環境，是孩子習慣形成的搖籃，6 歲前的兒童與家庭的關係更為密切、長久，因此，家庭對孩子的影響也更多更大。父母培養孩子養成良好的習慣也就更為重要和有意義。

豆豆的爸媽在外地工作，豆豆自小生活在爺爺奶奶身邊，倍受寵愛。就算豆豆上幼稚園的時候，兩位老人也天天抱著孫子來幼稚園，一步不離孫子，做孫子的「保護神」，替孫子服務：幫上廁所的孫子脫褲子；幫孫子泡奶粉，一勺一勺地舀給孫子喝；中午吃飯，爺爺奶奶一個餵菜一個餵飯，數著米粒往孫子的嘴裡添；睡午覺時爺爺奶奶要替孫子脫下衣服、鞋子，蓋上被子，哄孫子睡著後，才輪著打個盹……

直到有一天，幼稚園舉辦了家長開放活動，看到豆豆不會洗手，不會用杯子接水喝，不會脫鞋子，不會擦鼻涕……總跟在別人後面拖拖拉拉，老人才真正意識到溺愛對孩子的危害。

可見，作為兒童第一任教師的父母，更應該積極為兒童創造適宜的家庭環境，透過日積月累，讓兒童的良好生活習慣在不知不覺中形成。

生活習慣和學習習慣的培養是一脈相承的，一些學習習慣不良的孩子，往往在生活上也有許多不良習慣。因此，培養習慣應該從點滴生活小事做起。兒童正處於生理、心理快速發展的重要階段，處於形成各種習慣的關鍵時期。從小養成良好的習慣，一輩子受用不盡。

美國學者路易斯・特曼從 1928 年起對 1,500 名兒童進行了長期的追蹤研究，發現這些「天才」兒童平均年齡為 7 歲，平均智商為 130。成年之後，又對其中最有成就的 20% 和沒有什麼成就的 20% 進行分析比較，結果發現，他們成年後之所以產生明顯差異，其主要原因就是前者有良好的學習習慣，強烈的進取精神和頑強的毅力，而後者則缺乏。

在現實中，有的父母還沒有充分認識到孩子習慣培養的重要性，認為「樹大自然直」，這種「自發論」對孩子的成長是極為不利的。

家庭教育也講文化氛圍

孩子從小養成良好的習慣，能促進他們的生長發育，更好地獲取知識，發展智力。良好的學習習慣能提高孩子的效率，保證學習任務的順利完成。從這個意義上來說，它是孩子今後事業成功的首要條件。

布萊克夫婦有 3 個可愛的孩子，3 個孩子乖巧伶俐，學習很自覺，布萊克夫婦因此深得鄰居羨慕。

其實，孩子們良好的學習習慣是在布萊克夫婦的用心教育下逐漸養成的。布萊克夫婦很注重培養孩子的良好習慣。大兒子還很小的時候，布萊克夫婦就經常和兒子圍坐在一張桌子上，教孩子畫畫和識字，養成一起愉快遊戲並學習的習慣。

在他們有了第二個孩子以後，一起學習的好習慣仍然保持著，哥哥讀書時，弟弟就在旁邊學畫畫，爸爸媽媽一有空就圍在桌邊跟他們一起學習。

之後，又一個小妹妹出生了，妹妹漸漸長大，也跟著哥哥們開始自覺地學習。當妹妹開始在桌上學畫畫時，大哥哥就自己到另一張桌子上讀書。

看到哥哥每天獨自一人學習，弟弟妹妹們也有樣學樣。沒過多久，老二也自己找了一張專用的桌子，每天主動的學習。之後，最小的妹妹也在兩個哥哥的榜樣作用下，找了一張自己的桌子，開始獨自學習起來。

年幼時養成的這些生活習慣，都是很「頑固」的。家長如果能像布萊克夫婦一樣，靜下心來，多花費些時間和精力，和孩子們一起圍坐在桌前娛樂一番，不久就會養成孩子平心靜氣伏案學習的自覺性。

任何一種習慣的培養都不是輕而易舉的，都要遵循循序漸進、由淺入深、由近及遠、由漸變到突變的原則。因此，父母要明白，習慣要從小開始培養。在孩子幼兒期，幫助他們養成良好的基本生活習慣，這一點對父母和孩子同樣重要。否則等孩子們到了自我意識漸漸形成的年齡，父母過多的指令就會比較容易遭到孩子的反抗。

習慣也分好壞。年幼時如果養成了不好的習慣，也很頑固不易改掉，這樣就不利於孩子的成長健康。所以，父母要摒除惡習，鼓勵孩子養成好的習慣。好的習慣養成並不是一件容易的事情，它需要父母和孩子雙方面的努力。

首先，父母必要時要強制和約束自己的孩子。「強制出習慣」是個不折不扣的真理！好習慣不是與生俱來的。例如我們現在都說要飯前、便後洗手，這個好習慣是經過父母或他人的數次強制和糾正才得以養成；新加坡素有「花園城市」的美名，市民的自律習慣更是讓人稱嘆，但當時這些習慣的培養甚至動用了警察、監獄等國家機器來強制執行！可見，在養成好習慣，去除壞習慣的初期必須靠父母的強制作用進行約束。

此外，好習慣的養成要靠孩子自己的努力和決心。除了制度的約束、教育的陶冶外，孩子需要依靠自己的決心和勇氣，而決心和勇氣的來源就要歸結於家庭文化，即一個好的家庭氛圍。

文化是一種更為強大的自然整合力，超越了制度的強制力、習慣的戀舊性，它強大得無須再強調或者強制，它不知不覺地影響著每個人的心理和精神，從而最終成為一種自覺的群體意識。

試想一下：在一個積極向上的文化氛圍中，孩子怎麼可能總睡懶覺？在一個團結合作的文化氛圍中，孩子怎麼可能自以為是、目中無人？在一個開拓創新的文化氛圍中，孩子怎麼會唯唯諾諾、人云亦云？

習慣的培養要使用恰當的批評和表揚。要想培養孩子們良好的生活習慣，要使用恰當的批評和表揚用語。培養孩子的基本生活習慣，教給他們自我保護的基本技巧，是我們表揚、批評孩子時的一個很重要的目的。

倒 U 型假說

給孩子適當的壓力

當一個人一點都不興奮時，他根本沒有做好工作的動力；相應地，當一個人處於極度興奮時，隨之而來的壓力可能會使他無法完成本該完成的工作。只有當一個人處於輕度興奮時，才能把工作做得最好。

倒U型假說

耶基斯和多德森是最早研究工作壓力和工作業績之間關係的科學家。在他們早期對老鼠的研究中顯示：工作壓力與業績之間存在著一種倒 U 型關係，這就是著名的「倒 U 型假說」，也稱「耶基斯－多德森定律」。

倒 U 型假說認為：對於處在各種工作狀態的人來說，過大或過小的壓力都會使工作效率降低，只有最佳的刺激力才能使業績達到巔峰狀態。也就是說，壓力較小，工作缺乏挑戰性，會使人處於鬆懈狀態，因而工作效率不高；當壓力逐漸增大，壓力成為一種動力時，它激勵人們努力工作，逐步提高工作效率；當壓力等於人的最大承受能力時，人的效率達到最大值；但如果壓力超過了人的最大承受能力，壓力就會成為阻力，效率也隨之降低。

法國心理學家蔡加尼克曾做過一個實驗對這個假說進行求證：

蔡加尼克把自願受試者分為兩組，讓他們去完成 20 項工作。其間，蔡加尼克對一組受試者進行干預，使他們無法繼續工作而未能完成任務，而對另一組則讓他們順利完成全部工作。

實驗結果顯示：雖然所有受試者接受任務時都顯現出一種緊張狀態，但順利完成任務者，緊張狀態隨之消失；而未能完成任務者，緊張狀態持續存在，他們的思緒總是被那些未能完成的工作困擾，心理上的緊張壓力難以消失。

良性的壓力會驅使人們工作更加賣力，把事情做得更好。世界網壇名將貝克之所以被稱為「常勝將軍」，其祕訣之一就是在比賽中自始至終防止興奮過度，保持著半興奮狀態。所以有人亦將「倒 U 型假說」稱為「貝克境界」。而負面壓力或壓力過重則會帶來不良影響，引起生理和心理上的病症。比如一個人若長期處於壓力或過重壓力之下，他的身體最終會因無力招架而崩潰。他可能會患上冠狀動脈心臟病、高血壓等生理疾病，或者憂鬱症和焦慮等心理疾病。同時，過重壓力還有可能導致個體行為改變，如酗酒或服用鎮靜劑。

孩子的成長也符合倒 U 型假說。在孩子的學習過程中，如果孩子的負擔過重，長期處於緊張狀態，學習效果就會越來越差。作為家長，父母必須重視這一效應，採取有效措施，既不要對孩子提出過多、過高的要求，也要設法幫助孩子按時完成任務，適當緩解孩子的緊張情緒，讓孩子學得愉快。

要做到這一點，父母必須對孩子的能力和心理承受能力有一個恰當的猜想，改變那種「壓力越大，效率越高」的錯誤觀念。最好的辦法是找到一個最佳點，並以此為標準：當孩子壓力較小時適當增加壓力，當孩子壓力較大時緩解壓力。

欹器的故事

很多家長都清楚地知道激勵的作用，但對於如何拿捏分寸的問題仍存在迷思。有人認為，巔峰的情緒就是最佳的工作狀態，只有情緒達到巔峰才能讓人保持積極向上的心態，因此必須讓孩子一直保持巔峰的情緒狀態。實際上這種想法大錯特錯！激勵必須講究分寸，要適度。與倒 U 型假說相似的是，古代有一個側翻的欹器的故事，同樣說明問題：

孔子有一次帶弟子們到魯國的祠廟參觀，子路看到一個形狀很不規則的容器歪歪斜斜地放在几案上，於是很好奇地問孔子：「這是什麼器皿呢？」

孔子說：「這是欹器，是放在座位右邊，如『座右銘』一般用來伴坐的器皿，它是用來警戒自己的。」

見弟子們對其不以為然，孔子說：「子路，你往裡面倒水看看！」

子路好奇地把欹器擺在一個果盤裡，然後從外面端來一杯水，慢慢地向這個可用來裝水的器皿裡灌水。令大家驚奇的事情出現了：當水裝得適中的時候，這個器皿就端端正正地立在那裡。不一會，水灌滿了，它就翻倒了，裡面的水流了出來。再過了一會兒，器皿裡的水流盡了，就傾斜成原來一樣歪斜在那裡。

孔子感嘆地說：「哪有滿了不倒的呢？」

欹器沒有裝水時歪了，而裝滿水又會傾覆翻倒，只有水裝得適中，不多不少的時候才會端正。從教育的角度看，這也說明了激勵一定要適度，適可而止。任何人要想做成一件事情，必須要興奮起來。只有在興奮的時候，一個員工才能表現得自主、樂業、愛心、責任和創新。當一個人一點都不興奮時，也就沒有完成任務的動力了。

但是興奮與過度興奮不同，過猶不及。當人受到激勵後，如果外表仍然很平靜，但內心卻充滿激情，這是完成任務的最佳狀態；而當人處於極度興奮狀態時，腎上腺素大量分泌，隨之而來的身心壓力，會使他無法完成在正常狀態下能夠完成的任務。

熱情中的冷靜讓人清醒，冷靜中的熱情使人執著。激勵孩子也是如此，一個善於讓孩子時刻處於「貝克境界」的家長，才能算掌握了激勵的訣竅。

小和尚打油的啟示

從前有一個小和尚，這天，廟裡的廚師讓他去打油，並且嚴厲地一遍又一遍地向他交代：「你一定要小心，絕對不可以把油灑出來，否則罰你做一個月苦力。」

小和尚答應著，膽顫心驚地下了山。在廚師指定的店裡打好油後，小和尚踏上了回寺的路程。一路上，小和尚都在想著廚師凶惡的表情和嚴厲的告誡，小心翼翼端著裝滿油的大碗，每一步都走得提心吊膽。

眼看走到廟門口，沒想到一不留神，小和尚一腳踩進一個大坑裡，碗中的油灑掉了三分之一，他越發緊張，手腳也開始發抖。等見到廚師時，碗中的油只剩下一半了。

廚師自然很生氣，他怒氣沖沖地罵小和尚是個笨蛋，都交代過要小心了，還是灑了這麼多！

難過的小和尚邊走邊哭，碰到了方丈，他了解事情的經過以後，慈祥地對小和尚說：「我再派你去買一次油，這次我要你在途中多觀察你看到的人、事、物，並且回來向我詳細描述。」

第二次打油歸來，在回寺的途中，小和尚遵照方丈的囑咐觀察路邊美麗的風景，雄偉的山峰，耕種的農夫，歡快的孩子在路邊的空地上玩耍，兩位白髮老先生興致勃勃地下棋……

就這樣小和尚不知不覺回到了廟裡。當小和尚把油交給方丈時，發現碗裡的油一點也沒有灑出來。

廚師苛刻要求，帶給小和尚無比的緊張，結果是「油灑了一半」；方丈在意的是過程，結果小和尚心情放鬆，碗裡的油一滴未灑。

父母對孩子的教育是不是也應該這樣？對孩子提要求，但是不要給孩子太大的壓力，孩子才能心情放鬆地去學習和生活，也才能「一滴未灑」。

賀爸爸的教女經

其實，小和尚第一次打油之所以掉了一大半，是因為壓力太大而進入「瓦倫達心態」。那什麼是「瓦倫達心態」呢？

卡爾·瓦倫達是美國著名的高空走鋼絲的表演者，他一輩子表演都很成功，但在一次重大的表演中，卻從鋼絲上掉下來摔死了。事後他的妻子說：「我知道這一次一定要出事，因為他上場前總是不停地說，這一次太重要了，不能失敗，絕不能失敗。而以前每次成功的表演，他只想著走鋼索這件事本身，而不去管這件事可能帶來的一切。」

瓦倫達的失敗，其實是敗給了自己。他一心想著事情能不能做好，而無法專注地去做事，因而就無法獲得成功。後人把這種不能專注做好眼前事情，患得患失的心態稱為「瓦倫達效應」。

美國史丹佛大學的一項研究也顯示，人大腦裡的某一影像會像實際情況那樣刺激人的神經系統。比如：當一個高爾夫球手擊球前一再告訴自己「不要把球打進水裡」時，他的大腦裡往往就會出現「球掉進水裡」的情景。這一情景會指揮他的行動，結果事情不是向他希望的那樣發展，而是向他害怕的方向發展——這時候，球大多都會掉進水裡。

仔細觀察，我們會發現「瓦倫達心態」無處不在。過分在意名次的運動員往往失利，過分在意表現的演員容易失常⋯⋯

在我們的日常生活中，「瓦倫達事件」也在不斷重演。每次學測成績一出來，就會有好多學生到身心科或諮商師那裡尋求幫助。原因是好多原本在學校裡成績不錯的孩子在學測時失利，甚至連之前看不上眼的學校都進不了。

在分析失敗的原因時，一個曾經是市區明星高中的資優生，最後竟連國立大學都沒考上的學生說：「我的壓力太大了，我是全校的前幾名，許多人都看著我，我要考臺大，我經不起失敗的打擊，我常常告訴自己，撐住，絕不能失敗。過度的緊張使我焦慮不安，徹夜難眠，無端的恐懼不時襲上心頭。學測前一晚，我甚至失眠。這樣子又怎麼能正常發揮？」

生活往往是這樣，父母把全部希望繫於孩子，最終什麼都得不到。因為，引領孩子成長的不是父母，而是孩子自己的心態。

許多孩子害怕考試，但是小賀（化名）這個小女孩卻偏偏不怕考試。在某個親子節目接受採訪時，她曾這樣回答主持人關於不怕考試的奧妙，她說：「我覺得考試只是一種測驗，透過測驗可以向大家展示自己的能力，所以我不怕考試。」

小賀活潑開朗的性格和父母的心態直接相關。父母希望她自然成長，所以孩子輕鬆自在。

在那期的節目中，一同接受採訪的賀爸爸說：「我不是簡單地要求女兒考一個好成績，我主要教她解題的思路，這樣她就能觸類旁通。」

當主持人讓賀爸爸從家長的角度介紹如何幫孩子在考試中放鬆時，賀爸爸說：「一是不對孩子施加壓力，營造一個輕鬆的讀書氛圍。二是在成績不好的時候，孩子赴考要鼓勵。責備或者打罵容易對孩子造成心理負擔。鼓勵的話應該講究方式，不能為鼓勵而鼓勵。另外，在孩子學習的過程中，讓他擴展知識面，知識豐富了，讀書自然就輕鬆。這些雖然與考試沒有直接的關係，但對課業卻有輔助作用。」

可見，當你已經開始做一件事的時候，就不要再考慮與做這件事無關的問題，不要讓功利心和由此引出的擔憂干擾你的行動。

專心去做事的時候，就不會再考慮成功或者失敗。沒有了成敗的憂慮，人就自然變得輕鬆自如。害怕失敗就是最大的失敗。

是誰讓「三腦袋」選擇了不歸路？

對於孩子，由於所能承受的壓力有限，他們的生活目標應由他們自己來決定，不能本末倒置。作為父母，能提供的只是幫助和引導，而非制定目標由他們來實現。對孩子有過高的期望不僅會損害孩子的自信心，也是對孩子幼小生命的不尊重。

愛德華的父母在社會上都是有頭有臉的人物，他們對愛德華傾注了很多心血，同時也為愛德華設定了極高的標準。在學習生活中，除了學校的功課，父母為他安排了許多課外活動：參加社區壘球隊；參加男孩俱樂部；學習鋼琴；參加學校的演講競賽……

愛德華是個懂事的孩子，他賣力地表現，希望自己能讓父母感到欣慰。學校裡的成績自不在話下；在社區壘球隊，他是主力隊員；在男孩俱樂部，他是許多活動的舉辦者；他是鋼琴老師最得意的學生之一；演講競賽活動他是佼佼者……愛德華的努力使他成為每個家長都非常羨慕的好孩子。

更讓其他家長羨慕的是愛德華對人彬彬有禮、舉止文雅，11 歲就已顯示出令人讚嘆的紳士風度。但是愛德華有一般孩子在他這個年齡上沒有的問題 —— 他常常失眠，情緒稍有波動就難以入睡。

父母對愛德華的高標準是愛德華失眠的最根本原因。愛德華從小就為父母高要求所驅使。在父母的教育下，愛德華的生活目標是如何滿足父母的要求，而非自身的幸福。他希望能讓父母高興，害怕自己讓父母失望，雖然小小年紀，精神壓力卻非常大。

儘管愛德華努力達到了父母的目標，但由於他的出發點是取悅父母，而且覺得自己如果不再優秀，便會失去他們對自己的愛，有很強的不安全感，導致了生理上的不安，失眠也是在所難免。

在一定程度上說，父母對愛德華的要求是自私的，他們並不考慮愛德華的切身利益，也許在他們看來，孩子的成功帶給父母的榮耀才是最重要的。

每年學測前後可能會出現這樣的新聞：不堪父母期盼重壓的孩子選擇以極端的方式來尋求解脫。

曾經在報上看過這樣一則報導：有一個人稱「三腦袋」的女孩子，功課特別好，物理、數學、化學經常都能考滿分。女孩有一個夢想，那就是做新一代的瑪里．居禮。但是個人申請時，在父母和老師的逼迫和勸說下，女孩報了一所專門栽培文科生的大學。

女孩違心地上了那所學校以後，情緒一直不穩定，第一學期學校進行了兩次大考，她的成績都屈居中下。過去，她一直是當地的「狀元」，這樣的結果給她帶來了巨大的精神壓力，第一學期還沒結束，她便跳樓自殺了。她的母親到學校來「接」她，欲哭無淚，一聲接一聲地喊：「是我害了我的女兒！是我害了我的孩子！我當初為什麼要逼她？」

有些孩子即使沒有走上這種極端道路，但一直在「重壓」下長大的孩子，內心世界仍然被自卑感籠罩著，不能自拔。

某個女孩成績一直是班上的前十名，照理說她不應該自卑。但實際上，女孩是在父母的打罵中長大的。每當她成績退步時，父親就讓她脫掉褲子，用皮帶抽她，直到流血，而且不准女孩哭，女孩只好忍著。最恐怖的一次，母親捂著女孩的嘴，讓父親打她……這一幕幕恐怖的場景一直籠罩在女孩心頭。

後來，女孩考上了第一志願。但是自卑的情緒一直籠罩著她，她心裡一片灰暗，不能體會別人的感覺，因此經常和同學發生衝突。母親很驕傲女兒在這所知名的學校就讀，可是過去的經歷像大石頭一樣壓得女孩喘不過氣來，在別人面前，她無法克制自己的羞恥感。心理脆弱的她甚至常用小刀割自己的手腕……

有些孩子的父母也許會說，我並沒有對孩子提出過高的要求，只是對他們表示關心而已。殊不知，有時關心也是一種壓力。

讓孩子放鬆心態，父母首先要做到不要對孩子過分「關心」。考試是孩子自己的事情，面對考試的來臨，父母首先應該調整自己的心態，讓自己先輕鬆起來。任何一件事（包括考試）都有成功和不成功兩種可能，不必要求孩子一定要取得好成績。在感到自己和孩子有壓力的時候不妨和孩子聊聊，看看他們對成功與不成功有什麼看法。

所有的孩子都是非常敏感的，父母的過分關心只會讓他們增加對自己的期望值，更加緊張。在這種心態下，如果一旦發揮失常，他們自己都不能原諒自己，鑽牛角尖，甚至做出極端反應。

如何替孩子減壓？

每逢學校考試期間，不但孩子在承受應考的壓力，家長也在一旁承受著陪考的壓力，尤其是會考、學測等關鍵考試期間，一些家長甚至比孩子還要緊張。壓力過重會影響孩子正常發揮，因此，如何調整自己的心態，替孩子減壓，幫助孩子以最好的狀態備考赴考，成為每一個父母都必須面對的問題。

如何在考試階段替孩子減壓呢？

首先，家長要調整自己的期望，這是孩子壓力的源頭。

期望過高，不切實際，對孩子的殺傷力很大。家長不要給孩子過多或不切實際的期望，若孩子做不到，無形中會產生心理壓力。因此，即使有期望，也應一步步達成，而不能是急於求成。

有些家長總是習慣把眼光放在孩子的弱點上，如果孩子數學不行，就一味地要求孩子努力專攻數學，考試前不停囑咐一定要及格，甚至期望孩子考到 90 分。事實上，父母應協助孩子加強自己的長處。把焦點放在孩子的強項上，如孩子比較強的科目，這樣才能有助於孩子減壓。

同樣是因為有了期望，家長會把孩子跟別的孩子進行比較，這招是「殺手鐧」，會把孩子指引到錯誤的人生方向去。一位從事家長與兒童心理諮商的專家說：「家長必須讓孩子建立自信，發展出自我人格，走自己的路。」

其次，找個時間與孩子坐下來好好交談，是緩解孩子緊張情緒的有效手段。溫柔的語調，身體的觸碰，傳達著父母強而有力的「關心」資訊，有助於孩子放鬆身心，建立自信。

父母可以把家裡的音量調低，關掉電視、電臺，講話輕聲細語，或播放一些輕音樂，有助於孩子冷靜下來備考。表達對孩子的關心與好意時，父母不能嘮嘮叨叨，否則會產生反效果。不如在旁觀察，透過實際行動表示，如倒一杯茶水給孩子。

無論家長有多緊張，都應該盡量避免在考試期間，與孩子發生情緒上的衝突，增加孩子的壓力。

減少壓力，輕鬆備考的第三個手段就是：確保孩子作息正常。

考試壓力過大的孩子可能會在考試期間或者備考期間出現亂發脾氣、頭痛、發燒、肚子不舒服，甚至失眠等狀況。調節孩子身心平衡，讓孩子和平時一樣吃好睡好，不做噩夢，維持正常作息，孩子才能處於最佳備戰狀態。

如果孩子確實壓力過大，那麼父母就需要盡力緩解孩子的壓力。和孩子一起做運動是個很好的辦法，運動可以發洩壓力。適當的運動，能夠讓孩子的緊繃狀態鬆懈下來。幾分鐘的深呼吸，十分鐘的暖身操，花半個小時去游泳、跑步，到公園散步，都是很好的解壓方法。

破窗理論

給孩子一個好的環境

「近朱者赤，近墨者黑」，孩子的教育必須依賴環境，這種影響在低齡兒童中表現得尤為明顯。後天良好環境的影響能夠彌補孩子的先天不足，誘發內在的潛能，引導孩子向良好的方向發展。

破窗效應

美國心理學家進行過一項有趣的試驗：他把兩輛一模一樣的汽車分別停放在帕羅奧圖的中產階級社區和相對雜亂的布朗克斯街區。停在中產階級社區的那一輛，停了一個星期也完好無損；而另一輛，他摘掉車牌，打開天窗，結果不到一天就被人偷走了。後來，他把那輛完好無損的汽車敲碎了一塊玻璃，結果，僅過了幾個小時車就不見了。

以這項試驗為基礎，美國政治學家威爾遜和犯罪學家凱林提出了一個「破窗理論」。他們認為：如果有人打壞一棟建築上的一塊玻璃，又沒有及時修復，別人就可能受到某些暗示性的縱容，去打碎更多的玻璃。久而久之，這些窗戶就會使人產生一種無序的感覺。結果，在這種麻木不仁的氛圍中，犯罪就會滋生、蔓延。

在我們的日常生活和工作中也可以發現類似的情況：在十字路口等紅燈的時候，如果前面的少數人都規規矩矩等紅燈結束，那大家都會安然等在那裡；但如果有一個人稍微向前走了一步，那麼大家就都會迫不及待地衝過紅燈路口。實際上，這就是一種環境暗示和誘導所產生的作用。

「偷車試驗」和「破窗理論」更多的是從犯罪的心理去思考問題，但不管把「破窗理論」用在什麼領域，角度不同，道理相似：環境具有強烈的暗示性和誘導性，必須及時修好「第一扇被打碎的窗戶玻璃」。

科學家經過研究發現：人的大腦發育過程是不斷發展、不斷變化的，因為它必須適應環境，並對環境產生反應。對於教育來說，孩子的成長必須依賴環境，就像植物離開陽光雨露就不能生長一樣，是永恆的法則。因此，教育最重要的因素之一就是創造一個盡可能好的環境。

有一句俗語是「近朱者赤，近墨者黑」，人在成長中難免會相互影響，這種影響在低齡兒童中表現得尤為明顯。後天良好環境的影響能夠彌補孩子的先天不足，誘發內在的潛能，引導孩子向良好的方向發展。

狼童的故事

義大利教育家蒙特梭利將「環境」比擬於人的頭部，藉以強調環境對小孩的重要性。在她看來，人類的一切成長都與頭部有關，因為頭部是發號施令者，控制著生理與心理上的發展成熟度。環境對個人的影響實際上遠比遺傳重要，它甚至可以決定一個人的智愚和成敗！

1920 年，在印度的東北部發現了兩個女「狼童」，一個 8 歲，一個 2 歲。因為從小與狼一同生活，她們的生活習性完全與狼一樣：口不會吸吮，兩手不會抓東西，甚至連聲帶也發生了變化；夜晚常常不睡覺，只是不斷地吼叫；不會站著走路，只會爬行；耳朵亦如狼耳，常常會動（人的耳朵一般不會動）。一切的生活方式均顯示出不能適應人類生活。

經過幾年人類文明的教導，年紀較小的妹妹比姐姐顯示出更強的適應能力。在 17 歲時，在狼群中待了 8 年的狼童姐姐去世了。經過 9 年的文明教導，她仍舊無法成為正常的「人」。

在本質上，兩個狼童都是人類，但因為從小沒在人類環境中長大，因而也就發展不出人類的特性。如果個人的成長與環境不能適應，人的基本能力便無從發展甚至消失，嚴重的甚至不能生存。正如前面提到的狼童，她們不但失去了人的本性，而且即使將她們帶回「人」的世界後，也無法適應人類的生活方式，生命非常的短暫。

可以說，任何事物，包括萬物之靈的人類，想要生存，都非得適應環境不可，適應環境是萬物的一種本能。但人類適應環境的本能是有規律的，那就是隨著年齡的增大，適應性越來越弱，反過來也就是說，在幼兒時期，環境對人的影響則更深、更廣，更加頑固一些。

在動物中，生活在沙漠上的駱駝，牠們為了適應早晚溫差大的氣候，生理上就發展出了各種特殊的器官。一個生長在英語系國家的孩子，他家附近住了許多墨西哥人，孩子的父母對西班牙文一竅不通，而他卻能說得極為流利，實際上成人誰也沒有教他，那完全是他自己從環境中自然學得的。

人一生下來，就有適應環境的本能，這種本能幫助他生存，甚至驅使他去發展未來生存必備的生理或心理機能。也就是說，人類的各種智慧與體能都是因為適應環境而成長的。假如能給兒童一個非常豐富、能提供學習刺激的「環境」，兒童在這環境中也能勤勉、多方面地去「適應」，那麼兒童智慧成長的速度和品質必將是很好的！

秀才與鐵匠

從某種程度上說，一個人命運如何，取決於他所處的環境，沒有環境的互動，鐵匠永遠不可能成為秀才。

有一年京城舉行大考，一位應考的秀才早就準備妥當打算擇日起程，但就在他要起程的前幾天，妻子挺著肚子告訴他最近可能臨盆。妻子的話打亂了秀才的日程安排，他想：如果我前去京城應考，只留妻子一人怕多有不便，況且萬一臨盆時沒人照應，豈不危險？左思右想，秀才也沒有想出一個萬全之策，於是他決定帶妻子一同前往，希望能在趕到京城之後再生產。

誰知一路的奔波勞頓動了胎氣，妻子在路上陣痛起來，眼看就要生產了。沿途住家稀少，勉強前行了一段路，才看到一處人家，秀才急忙上前敲門。

這戶人家以打鐵為業，剛巧鐵匠的老婆也正要生產。秀才看到這種情景心底踏實了許多，現成的接生婆正好順道幫妻子接生，免去了許多麻煩。

當天晚上，秀才的妻子和鐵匠的老婆先後各產下一個兒子，母子皆平安。兩個男嬰算來竟是同年同日同一時辰生下的。

歲月流轉，一轉眼，16 年過去了，秀才和鐵匠的兒子都長大了，秀才的兒子沒有辜負父親的期望，考上了秀才。老秀才高興之餘，想起鐵匠的兒子與自己兒子的生辰八字相同，想來也是有個錦繡前程吧。

回想當年鐵匠收容妻子臨盆之恩，秀才便準備禮物，專程去拜訪鐵匠。等到了鐵匠家，只見老鐵匠坐在門口吸著旱菸，秀才將禮物呈上，並問起了老鐵匠的兒子。老鐵匠指了指門內，說道：「喏，在工作呢！」

秀才順著鐵匠的指引，看到屋內有一個年輕人精赤著上身正忙著打鐵。「是他，這可奇怪了。按命理說來，你兒子和我兒子生辰時刻相同，八字也一樣，理應此時也該是個秀才才是，怎麼會……」秀才滿臉詫異。

鐵匠大笑：「什麼秀才，這小子從小跟著我打鐵，大字不識一個，拿什麼去考秀才啊！」

生活環境影響著個人的命運，尤其是在孩子幼小的時候，他所接觸的環境就是他直接學習的對象，就像故事中秀才的兒子和鐵匠的兒子，即便他們是同年同月同日甚至同一時辰出生，不同的家庭環境仍決定了他們不同的成長方向。如果你的家庭環境不夠好，你的孩子的命運可能就要受此影響。

天才是怎樣煉成的？

每個孩子都無法脫離父母單獨成長。對一個孩子來說，家庭教育是所有教育中最為核心的一部分，只要家庭教育效果顯著，完全可以培養出合格的人才，甚至是天才。孩子的所有能力並非無中生有，更不是從天而降，而是在特定的環境中逐步培養出來的。

信美和奇太是信州松本才能教育分部的學生，兩人都是 3 歲那年到學校來學小提琴的，同樣年齡同樣時間入學，他們的成績卻相差很大，小提琴演奏水準大相逕庭。

4 個月後的學校音樂發表會上，信美和同學們合奏了《小星星變奏曲》，這是他 4 個月來的學習成果，這樣的進度對一個 3 歲的孩子來說，屬於普通水準。出類拔萃的奇太則獨奏了一曲巴哈的《小步舞曲》。在 4 個月的學習中，他掌握了 13 首曲子，其中還有難度很大的巴哈的曲子。這樣的成績和速度對一個僅僅 3 歲的孩子來說，的確讓人非常驚訝，更難得的是奇太的琴聲優美動聽，音符準確而且富於熱情。

兩個孩子的成績懸殊之大，讓老師覺得匪夷所思，他決心找出其中的原因。

老師自認為自己的教學非常認真、公平，信美和奇太各自的學習也都很認真，所以，從主觀上來說，他們之間是不存在差距的。而且，最重要的是即使奇太在家裡用了更多的時間來練習，但他僅僅用 4 個月的時間，就能學會 13 首曲子，並且演奏得這麼純熟優美，對一個才 3 歲大的孩子而言是多麼不簡單啊。

音樂發表會結束後，老師分別找信美和奇太的父母談話，終於弄清楚了造成兩個孩子差距的原因：

信美 3 歲之前從沒有聽過小提琴曲，他聽的第一支小提琴曲就是老師拉的《小星星變奏曲》。

奇太的姐姐加代曾經也是老師的學生，據奇太媽媽講，當奇太躺在搖籃裡還不會說話的時候，就在一邊聽姐姐拉琴了，也就是說，從奇太出生到學琴之前，他幾乎每天都能聽到姐姐拉琴，這個才能出眾的孩子因為有姐姐作為榜樣，所以無意之中培養了內在能力，也就是說，對他姐姐的教育出乎意料地延伸到他身上了。

這顯示了家庭環境對孩子能力發展產生的巨大影響。與此非常相似的是，莫札特也是因為聽了姐姐彈的鋼琴曲，才培養出了過人的音樂才能。

因此我們可以大膽地提出這樣的論斷：只要我們能為孩子提供一個良好的教育環境，他們一定能發揮出讓人震驚的才能。天才就是孩子在家庭環境中耳濡目染的必然結果。

現實生活有很多這樣的事例：

如果一個孩子的父母都從事音樂，那麼，就算家裡並沒有特意讓他從小學習音樂，但是和別的孩子比起來，他在音樂上也有著更強的悟性，因為從幼兒期開始，父母乃至周圍環境帶來的所有關於音樂的資訊都被孩子接收了，在這種內在能力上，孩子比我們想像的要強得多。

因此，培養孩子能力最重要的條件就是家長所創造的環境 —— 家庭環境。除此之外再沒有什麼條件比家庭環境更重要的了。孩子每天都生活在家庭中，父母所有的一切都會潛移默化地傳輸給他們，從嬰兒呱呱墜地之日起，在家長創造的環境裡，孩子的能力教育就開始了。

貧窮的小安徒生爲什麼是幸福的？

良好的家庭氣氛是孩子成長的重要依託，家庭氣氛是兩種環境關係的產物，它包括家庭物質環境和家庭心理環境。

家庭的物質環境依每個家庭富有程度的不同而不同，每個父母都會盡最大的努力來滿足孩子在學習上的物質需要。良好的家庭氣氛主要包括愛的氣氛和智力氣氛兩種。

安徒生小時候是在丹麥一個叫歐登塞的小鎮上度過的，他家境貧困，父親只是個窮鞋匠，母親是個洗衣婦，祖母有時還要去討飯來補貼生活。他們的周圍住著很多地主和貴族，因為富有，這些人便覺得自己高人一等，他們討厭窮人，不允許自己家的孩子與安徒生一塊兒玩耍。安徒生的童年孤獨而落寞。

父親擔心這樣的環境會對安徒生的成長不利，但是他從來沒在孩子面前流露出自己的這種焦慮，反而輕鬆地跟安徒生說：「孩子，爸爸來陪你玩吧！」父親陪兒子玩各種遊戲，閒暇時還講《一千零一夜》等古代阿拉伯故事給他聽。雖然童年沒有玩伴，但有了父親的陪伴，安徒生的內心世界也充滿了陽光和快樂。溫馨的家庭環境是孩子健康成長的保證，童年時代的安徒生在良好的家庭氛圍中培養著自己的童話細胞，一顆善良、充滿幻想的「童話」之心。

和安徒生的父親一樣，猶太人也認為家庭氣氛是家庭教育中具有重要作用的一個因素。儘管猶太民族在五千多年的發展歷史中，大多過著顛沛流離的流浪生活，但是他們竭盡全力為孩子營造出和諧、溫馨的家庭氛圍。

有一對夫妻在接女兒放學回家途中，不知為什麼就大吵起來，最後居然揚言要離婚。等爭吵暫告一個段落，他們才意識到孩子還跟在後面。他們看到女兒拿著畫板在畫畫，畫面上有兩個大人，他們表情憤怒，兩個大人中間躺著一個小孩。

媽媽很好奇地問：「地上怎麼會有個小孩，他怎麼了？」

「死了！」孩子說。

「他怎麼會死了呢？」

女兒沉默了半晌，說：「因為爸爸媽媽吵架、分手……」

女兒的話深深震撼了他們。原來，女兒看見班級中所謂的「單親兒童」總是神情落寞，鬱鬱寡歡，她害怕像他們一樣。看來，父母吵架、分手後，他們的孩子就好像被拋於曠野，會一點一點死亡。

小女孩在無意間用一幅畫洩漏她的心聲，也讓父母及早警覺：孩子在成長中最需要的就是安定、安心、安全的環境與父母完整的愛。父母不要當著孩子的面吵架，家庭成員之間關係不能緊張，要相互信任和體貼，以免給孩子帶來精神上的苦悶。

除此之外，父母要重視和創造家庭中良好的智力氣氛。如果父母本身對知識就有巨大的興趣和追求，就會對孩子的健康成長產生巨大的無形力量。智力氣氛差的家庭，可利用鄰居、親戚、朋友及請家教等外部環境的智力氣氛來改變家庭智力氣氛。

在良好的家庭氛圍的影響下，你的孩子一定可以健康、茁壯地成長。

爸爸，我正在踩你的腳印！

父母是孩子的榜樣，父母的言行舉止無論好壞都會被孩子不自覺地效仿，成功的父母應該能成為孩子的榜樣。

漢森有個不好的嗜好——喝酒。每天在工作之前或者工作結束回到家後，都要去鎮上的酒館喝上一盅。妻子經常勸他戒掉，但漢森就是控制不住自己，雖然他也知道這是個不好的習慣。

有一天下著大雪，漢森照例要在上班前到那家酒館，他哼著小曲快活地出了家門，沒走多遠，就覺得有人跟在後面。回頭一看，竟是自己年幼的兒子。兒子踩著父親留在雪地上的腳印，邊跑邊興奮地喊：「爸爸，你看，我正在踩你的腳印！」

兒子的話令漢森心中一頓，他想：「如果我去酒館，兒子踏著我的腳印，將來他也會去酒館的。」

從那以後，這位父親再也不光顧酒館了。

年幼的孩子缺少辨別是非的能力，他們總是無意識地模仿父母的行為。好的行為被效仿，當然很好，但壞的行為一旦被效仿，成為壞習慣，要想改變就很難。如果此時父母加以管教的話，孩子會說：「既然你們都這麼做，憑什麼不讓我這麼做？」所以，為人父母的，請走好你們的每一步，要知道，孩子正踏著你們的腳印前行。

一個孩子的行為受其父母及家庭環境的影響。父母是孩子的第一任老師，大多數的孩子都直接以父母為榜樣，如果父母不注意自己的行為，家裡也沒有良好的家庭氣氛，孩子很容易受父母影響而養成不良的習慣和生活態度。營造良好家庭氣氛的同時，父母還要教育孩子不要受家庭智力氣氛的束縛，廣泛地吸收來自外界的一切有益「養料」。

「大謝爾曼」是生長在加利福尼亞的一種高大的紅杉樹，它高達 61 公尺多，樹圍有 24 公尺，被砍倒後，木料足夠建 35 幢帶 5 個房間的房屋。

「盆景藝術」是日本人種植的一種樹，它雖然只有幾英尺高，卻有著完美漂亮的樹形。

事實上，「大謝爾曼」與「盆景藝術」種子的質量都不足 0.1 克，那是什麼原因造成它們長成後的巨大差別呢？

差別背後的故事就是一個環境帶給我們的啟示。

「大謝爾曼」扎根於加利福尼亞的沃土，吸收豐富的水分、礦物質和陽光，最後長成一棵高大的植物；而當「盆景」冒出芽時，日本人將它拔出泥土，除去直根和部分鬚根，故意抑制其生長，最後成了一棵雖然漂亮卻矮小的植物。

由此可見，不同的生長環境和條件會造成多大的不同。家庭的心理氛圍、家長的心理特徵對孩子的心理發育有著重要影響。

猶太人的教子智慧是世界聞名的。在猶太人看來，要創造並保持良好的家庭心理氛圍，父母要注意以下幾點：

首先是平等，這是創造良好的家庭心理氛圍的前提。父母、子女任何一方的優越感都會對其他家庭成員造成心理壓力，產生心理隔閡。

其次是開放，是指家庭成員能夠坦率地、平等地以其他成員可以接受的方式，表達自己的想法，而不是毫無顧忌地發洩。

再次，父母的教育能力和父母之間關係的和睦程度，也直接影響良好家庭心理氛圍的形成。

最後是理智，只有理智才能夠克制自己的心理衝動，冷靜地對待和處理問題，這樣有利於保持良好的家庭心理氛圍，更重要的是有利於幫助孩子形成穩定的心理特徵。

可見，家長應根據時代的要求和孩子不同年齡層的心理特點，努力創造良好的家庭心理氛圍。這樣，你的孩子才能朝著健康、廣闊的方向發展。

父母不僅要以「聲」作則，更要以身作則

有一個叫法蘭克的小男孩非常喜歡釣魚，在同齡人中，他的垂釣技術是最好的。一天吃過晚飯，他極力懇求媽媽帶他到湖邊釣魚，雖然還不到鱸魚釣獵的時間，但法蘭克已經忍不住了。媽媽拗不過他，又不放心孩子一個人在湖邊，只好陪著他。

法蘭克做好釣魚前的一系列準備後，迫不及待地將魚線甩向湖心，大約兩三分鐘後，釣竿的另一頭沉重起來。法蘭克知道一定有大傢伙上鉤，急忙收起魚線。媽媽在一旁十分愜意欣慰地看著兒子熟練地操作。

終於，一條竭力掙扎的大魚被拉出水面。好大的一條鱸魚啊！鱸魚美麗的魚鰓一吐一納地鼓動著。法蘭克和媽媽都呆住了，他們從沒見過這麼大的鱸魚呢！

興奮之餘，媽媽意識到現在是晚上 8 點，距允許釣鱸魚的時間還差兩個小時。「我們把牠放回去，兒子。」母親說，「現在還不到釣鱸魚的時間。」

「不，媽媽！」法蘭克委屈地說，「再也沒有這樣大的魚了，而且周圍又沒有人，不會有人知道的。」

但母親十分堅決地要放生鱸魚，法蘭克知道母親的決定是不可更改的，只好不情願地把魚放回了湖裡。

34 年後，法蘭克已經是紐約市很有成就的建築師了。在他後來的垂釣經歷中的確再也沒遇到過那麼漂亮的大魚，但他卻為此終身感謝媽媽。因為是媽媽讓他懂得了做人的道理，在之後的成長過程中，法蘭克從未因為無人知道而放鬆自律，做出有損公德的事情。經過自己的誠實、勤奮、努力奮鬥，法蘭克終於釣到了生活中的大魚 —— 讓人仰慕的成功事業。

父母是孩子進入社會最初的模仿對象，家庭是孩子的第一課堂，父母是孩子的第一任老師。孩子從父母那裡學會的某種習慣和處世態度，對其一生的發展將產生極大的影響。父母的品性、人格對孩子有潛移默化的作用，會影響孩子今後的成長。如果父母的榜樣出現了偏差，孩子的思想行為就會出現偏差。在今後的生活中他就會放鬆自律，做出有損社會公德的事情，從而也使他失去社會性人格的發展機會。也就是說，父母的以「聲」作則與以身作則，對孩子的影響大不一樣。

以「聲」作則指的是有些父母往往只用自己所說的來要求孩子，而不要求自己。如果父母要求孩子讀書，自己卻不看書，說一套做一套；如果父母教育孩子要愛讀書，講道德，守紀律，求上進，自己卻不學無術，成日沉溺於麻將之中，即使再苦口婆心，孩子也很難接受。

擁擠的公車上，一個男孩欲起身給一位站立不穩、幾乎要摔倒的老太太讓座，誰料想孩子的母親卻站立一旁大聲喝斥：「讓什麼讓，你老老實實地待著吧！」這位母親平時一定沒少教育孩子要敬老愛幼，孝順父母，但遇到實際情況時，她的行為卻與曾經的言語大不一樣，在這樣的狀況下怎麼能指望孩子接受自己的教誨呢？

我們許多家長在社會道德下滑的時候無不義憤填膺，然而到了教育自己的孩子時，卻常常只顧自己的利益，社會風氣自然很難改善。

許多家長認為自己是自己，孩子是孩子。其實，孩子是父母的影子，在實施家庭教育的同時，家長要讓孩子自信樂觀，自己就要自信樂觀，這樣才能找到一種好的感覺。

天賦遞減法則

教育孩子越早越好

一棵橡樹，假如能夠充分地生長，可以長到 30 公尺，但事實上能夠長到 30 公尺的橡樹很少，一般只能長到 12 ～ 15 公尺；一個孩子，假如他的天資能得到充分的發揮，最終可以具有 100 分的能力，但如果放任不管，就只能成為 30 分能力的人。天賦遞減法則告訴我們：教育孩子，越早越好。

天賦遞減法則

很少有父母能夠知道，兒童的潛能培養遵循著一種奇特的規律——天賦遞減規律，即兒童的天賦隨著年齡增大而遞減，教育得越晚，兒童與生俱來的潛能就發揮得越少。

早期教育是開發兒童潛能的必要方式之一，早期教育更容易造就天才。比如一棵橡樹，假如它能夠充分地生長，可以長到 30 公尺，那麼這棵橡樹就具有長到 30 公尺高的潛能。但事實上，能夠長到 30 公尺的橡樹很少，一般只能長到 12 ～ 15 公尺，生長環境不好的甚至只能長到 6 ～ 9 公尺；如果肥料充足，再加上精心培育，則可以長到 18 ～ 21 公尺，甚至是 24 ～ 26 公尺。

同樣，一個孩子，假如他的天資能得到充分的發揮，最終可以具有 100 分的能力，那麼 100 分就是這個孩子的潛能。如果放任不管，就只能成為具有 30 分能力的人，他的潛能只發揮出一小部分；如果對他進行適當的教育，他的能力就可以達到六七十分，甚至是 80 分。專家的教育研究顯示：如果從 5 歲開始教育，即使是非常理想的教育，將來也只能具有 80 分的能力；如果從 10 歲開始教育，就只能具有 60 分的能力。這就是天賦遞減法則的具體展現。

由於孩子的各種能力有著不同的發展期，而且各個發展期是基本不變的。雖然某些能力的發展期可能很長，而另一些能力的發展期則很短。如果一切能力不在發展期內得到發展，就永遠不會再有發展。

在國民教育普及的今天，傑出的手工藝人反而少了，這也是天賦遞減法則的一個展現。據有經驗的老漁夫說，如今沒有像過去那樣善於游泳、搖櫓、撒網的人了，這是因為孩子們在十一二歲期間都在上學，而水上功夫必須從 10 歲左右開始練起。

孩子的外語學習也是如此。如果不從 10 歲以前開始學習使用外語，就很難掌握道地的外國口音，腔調總會有點「怪」。甚至不少專家認為，鋼琴如果不從 5 歲開始練，小提琴如果不從 3 歲開始練，就不可能達到很高的境界。也就是說，兒童的能力，如果不在發展期內進行培養，就會出現兒童潛能遞減的現象，這就是早期教育能夠造就天才的根本原因。

很多人會認為早期教育不利於兒童的健康，剝奪了孩子的正常少年生活，就已經存在的成功範例來說，卡爾．威特受到過這種指責，湯姆森兄弟（即詹姆斯．湯姆森和威廉勛爵）的父親受到過這種指責，穆勒的父親也受到過這種指責。

但事實上，童年時代的威特是個非常活潑健康的孩子，湯姆森兄弟、歌德也是如此。約翰．史都華．彌爾的體能雖然比較弱，但他的身體不好是否是早期教育造成的，還有待商榷。小威廉．皮特的身體也不好，但他生下來就是如此，和早期教育無關。席德斯博士和維納博士的孩子都很健康、活潑。而且，從他們的壽命來看，威特、威廉勛爵、歌德都活到了 83 歲，詹姆斯、諾伯特．維納活到了 70 歲，都稱得上是高壽。

因此，早期教育會影響孩子性格、身體發育這種說法是錯誤的，我們家長應該知道，越早對你的孩子進行教育，開發他們的潛能，你的孩子成功的機率就越大。

認人爲母的小鴨子

對於幼兒的潛能教育，一位名叫洛倫茲的動物心理學家曾做過這樣一個實驗：洛倫茲將一些剛剛出生不久的小鴨子與牠們的母親分開，讓牠們分布在自己的周圍，他在牠們周圍踱步。當洛倫茲故意走開時，可愛的小鴨子都會跟著他走。

此後，洛倫茲把牠們的母親放出來，儘管母鴨對小鴨子百般「示愛」，但小鴨子卻「視而不見」，不再理睬牠們的媽媽。原來這些小鴨子把洛倫茲當成了牠們的「媽媽」。

科學研究發現，小鴨子的生長存在一個認親關鍵期，在小鴨子出世後的十幾個小時內，首先出現的動物會成為牠們的「媽媽」，這也被稱為動物的「追隨現象」。

同樣，小雞也有「追隨母雞的能力」的發展期。這個時間大概是小雞孵出後 4 天左右，如果不在這段時間內發展這種能力，牠就永遠不會具有這種能力。所以，假如在小雞孵出後 4 天左右這段時間裡，把牠和母雞隔離開，牠將永遠不再追隨母雞。此外，雛雞「辨別母雞聲音的能力」的發展期是在孵出後 8 天左右，假如在這段時間裡不讓牠聽到母雞的叫聲，牠就會永遠喪失這種能力。

很多例項證實：人類的嬰兒如果被狼、熊、猿猴等野獸撫養長大，他們長大之後變得幾乎和這些動物沒什麼兩樣，無論是外貌或是生活習慣，以至於心理都是這樣，他們變成了所謂的狼孩、熊孩、猿孩，身上不再具備人類的特點。

猶太教育觀念認為，嬰兒有辨別母親面孔與聲音的能力，嬰兒的這種模式記憶能力，既是最原始的，也是最高級的智慧。早期教育要重視嬰兒的這些卓越能力，使孩子最為珍貴的能力得以儲存。機器人無論多麼先進也不能做到這一點。

具體來說，嬰兒在 3 歲之前獲取知識的方式與 3 歲後不同：前者是一種模仿學習，即「無意識學習方式」，後者則被稱之為「主動學習方式」。所以，猶太人特別重視孩子的「無意識學習方式」，即孩子的無意識模仿學習。重視「模仿學習」是猶太人獲得高智商的最重要因素。

某生理學博士經過實驗研究發現：如果在不同的文化環境裡，分別撫養那些出生不超過 9 個月的嬰兒，他們各自會形成適應身邊環境的能力，而環境中不存在的東西則無法培養。因此，即便同樣是人類的孩子，由於各個國家或地區的文化差異，在西方國家出生的孩子和在東方國家出生的孩子，長大後也會有巨大的差異，形成千差萬別的性格與生理特徵。

另外，由於每個孩子父母的情況完全不同，即使身處同一國家或地區，他們生活的環境也有天壤之別，所以他們長大後也肯定是千差萬別。

你已經晚了兩年半

生物學家達爾文不但對物種起源研究精深，對育兒的見解也頗有獨到之處。一天，有位美麗的少婦抱著自己的小孩子去找達爾文，向他詢問有關育兒的問題。

「啊，多漂亮的孩子啊！幾歲了？」看到這麼漂亮可愛的孩子，還沒等少婦開口，達爾文就高興地向夫人問道。

「剛好兩歲半。」少婦誠懇地對達爾文說，「當父母的總是希望孩子成才。你是個科學家，我今天特意登門求教：什麼時候開始對孩子的教育才好呢？」

「唉，夫人，很可惜，妳已經晚了兩年半了。」達爾文惋惜地告訴她。

自出生之日起，孩子就會透過嘴、舌頭及其他感官來探索外界事物。也就是說，一個人從生命的開始，就有了感知的欲望。許多父母認為孩子太小，教育他們應從適當的年齡開始。事實上，生命本身就賦予了孩子們求知的渴望。

教育學家一直提倡兒童應儘早地進行教育，這是因為學習知識的同時也訓練了大腦。不管是選擇學音樂或其他知識，這些都不重要，最關鍵的問題在於：不論學什麼知識都要盡量提前。而一般情況下，2 歲的幼兒就應該開始接受教育，主要培養幼兒的語言表達能力、身體運動能力及對周圍環境的認知能力。3 ～ 4 歲的兒童要進行系統的知識訓練。

大腦剛開始發育的時候也是大腦感應度最強的時期，隨著年齡的慢慢增長，感應度開始逐步減退，就和繃緊了的弦一樣慢慢鬆弛下來。如果將人的嬰兒期看成一個起點，那麼隨著年齡的增加，這種適應環境的靈敏度反而會逐步減退，適應的速度也會越來越慢。

很多人都有這樣一種觀點：人的大腦靈敏度會隨著年齡的增長而增強。事實上，這種觀念是錯誤的。只有不斷培養新能力，人的能力才會得到成長。一個人一旦成人，就已經不知不覺地適應了環境，生理機能上也出現了相應的變化，為適應環境變化提前做好準備。隨著人逐漸成長，內在能力會迅速消失，所以條件許可的話，能從出生開始最好，這是應該特別強調的。我們極力推崇進行早期教育，而且開始得越早越好。

鈴木老師的建議

曾有一位著名的心理學家指出：「在剛滿 2 歲時，每個兒童都是語言天才，但是如果這種能力得不到加強，在五六歲的時候就會迅速地消退。」越是接近出生時間，這種潛能就越發充足，內在能力也就越高。因此，對幼兒施行早期教育是必需的，而且極為迫切。進行早期教育的時間越早、越及時，孩子異乎尋常的能力就越能被挖掘出來。

用音樂打開「天才教育」的大門而轟動全世界的鈴木鎮一老師，對此最有發言權。他用實踐證明，天才不是天生的，任何一個孩子，只要教育得法都能成功。在鈴木老師的音樂學院中，學生是不經過考試篩選的，從幾歲到十幾歲都有。

在教學的過程中，鈴木老師發現一個發人深思的現象：在學習某種技巧的時候，十幾歲的孩子不管怎樣努力都達不到要求，但是才幾歲大的孩子卻很容易就達到了，越是幼小的孩子，學習的效果就越好。

為此，鈴木老師決定針對一些初生的嬰兒做一項教育實驗。他找到一些剛生了小孩的母親，指導她們讓嬰兒聽最優美動聽的古典音樂，而不是普通的兒歌。他特地挑選了一些 5 分鐘左右的曲子，其中包括管絃樂和器樂，涵蓋了莫札特、佛里茲．克萊斯勒的曲目。總之只要母親喜歡聽的曲子，就不斷地重複，連續地播放給嬰兒聽，即使在嬰兒哭泣或生氣時也不間斷。

這項試驗從嬰兒降生之初開始，一直持續到孩子的第 5 個月，在這基礎上鈴木又做了進一步的實驗：在他們已經聽了 5 個月、十分熟悉的曲子中，加進去一些他們從沒聽過的曲子，摻在一起放給他們聽。

聽到那些從未聽過的曲子，嬰兒們的臉上露出奇怪的表情，他們顯得吃驚而不安；而當聽到那些熟悉的曲子時，他們的臉上露出會心的微笑，身體不自覺地隨著音樂晃動，好像是在打拍子。5 個月的嬰兒就已經能記住樂曲了！這實在是一個令人驚嘆的發現。

受這種效果的啟發，鈴木老師進一步延伸了他的教育方法：當孩子還是個嬰兒時，鈴木就讓母親們不斷給他們聽樂曲，等他們長大一點，就讓母親們抱著孩子到鈴木老師的教室來聽小提琴現場演奏。當孩子 2 歲大時，就正式開始教他們拉小提琴。

雖然幼兒的年齡很小，但聽老師的演奏卻能使他們產生一種感覺，與那些到了少年時代才開始學小提琴的孩子相比，後者無法達到的程度，幼兒們卻能輕易地達到。

與鈴木教育交相輝映的是偉大的音樂家莫札特。3 歲的莫札特就能登上音樂廳的舞臺演奏樂曲了，這麼出色的音樂素養源於什麼呢？毫無疑問，是他的家庭環境所具有的良好音樂氣氛。

莫札特的父親是當時著名的宮廷演奏家和優秀的作曲家。當莫札特還是嬰兒的時候，他的父親為了培養他的樂感，每天都讓兒子聽 5 支不同旋律的鋼琴曲，經過這樣的教育，莫札特在 3 歲時就已經能登臺演出了。很難想像，如果不是父親的精心培養，莫札特的潛在能力還能不能如此迅速地被發掘出來？

曾經聽說一名傑出的女音樂家，5 歲時父親去世，經商的哥哥收養了她，嫂嫂非常善良，小女孩年僅 8 歲的時候，腳還沒辦法搆到鋼琴踏板，就在嫂嫂的嚴格要求下開始學習彈鋼琴，有時嫂嫂很溫和，有時則非常嚴厲，當別的小朋友開心地玩耍的時候，未來的天才卻一邊哭著一邊彈琴，因為嫂嫂對她要求很嚴格，連讓她出去玩一會兒都不肯。

生活中，這樣的例子俯拾皆是，數不勝數。父親和母親都很愛下棋，孩子常常坐在旁邊看棋，耳濡目染，幾年之後，這個孩子的棋藝已經非常高超了，連附近的成年人都不是他的對手；有位父親因為推廣心算法出名，女兒從小受到薰陶，現在已經具備一級心算的水平了。

很多人認為，從事某些行業或者成為優秀的人，都需要有特殊的才能，但是嬰兒不會說話，我們怎麼知道他有沒有這方面的才能呢？因此，只要從嬰兒時期就開始進行強化訓練，就能把孩子的內在能力開發訓練出來，使之成為優秀的人。如果想培養孩子們超常的能力，萬萬不可錯失孩子的嬰幼兒時期，只要及時地對孩子施行合理有效的教育，就會在他們身上看到出乎意料的效果。

2～5歲是教育孩子的關鍵時期

俗語說「3 歲看長，7 歲看老」。一個孩子的心理狀態和性格，三五歲的時候就決定了，日本古代馴養名鶯的方法就很好地說明了這個道理。

據說，野生幼鶯在很小的時候，馴鶯人就把牠從巢穴裡捉來進行周密訓練。在這些野鶯的身旁，通常放著一隻名鶯，名鶯的啼聲非常優美。馴鶯人這樣做的目的就是讓幼鶯每天都能聽到名鶯的啼聲，使野鶯也能叫出美麗的聲音。

當優美的聲音傳進幼鶯的耳畔，幼鶯的生理機能在潛移默化的過程中改變了，不斷跟隨名鶯的「教育」發生變化。在幼鶯向名鶯的發展過程中，馴鶯人還要進行其他訓練。馴鶯人認為，如果沒有第一步訓練作為基礎，就沒有必要進行後面的訓練了。也就是說在整個訓練過程中，挑選一隻能產生示範作用的名鶯是最重要的步驟，這樣便於幼鶯模仿名鶯的叫法。

其實，不管是幼兒還是幼鶯，如果在幼年時期就對他們施以良好的教育，他們就會深深地記住這些內容，一輩子都不會忘記。一位父親在這方面有深刻的體會。

這位父親一共有 3 個孩子。大女兒出生時夫妻剛結婚不久，因而不懂得如何教育孩子。女兒在還沒上學的時候常常去鄰居家玩耍，鄰居家有個姐姐天天都要讀書寫字，女兒就時常在旁邊觀看，不知不覺中記住了很多字、詞。大女兒上了小學以後，她的成績一直很好。

不久，大兒子也出生了，根據女兒的經驗，父親同樣是聽之任之，不去管他。在兒子開學的兩個月之後，學校舉辦了一次家長會。到了學校，父親才發現不識字的只剩下他兒子一個人了，而且兒子對上課沒有一點興趣，一心只想著玩。

在此之後，父親開始輔導兒子的功課，希望透過強化訓練，使他得到迅速提升。但是父親精力沒少花，卻一直沒取得成效，兒子似乎一點也不喜歡讀書。從小學一直到國中畢業，大兒子的成績一直都很普通。

鑑於這個教訓，對於二兒子，父親很早就開始教他讀書認字。對二兒子的教育相當有效，上學之後，二兒子當上班長，成績很好，性格也非常開朗。

著名兒童文學作家楚科夫斯基在《從 2 歲到 5 歲》（*From Two to Five*）一書中明確地提出：在 2 ～ 5 週歲期間，人精神的傾向性就已經基本形成了。幼兒時期所形成的性格和心靈特徵將會影響人的一生，在幼兒時期心靈上留下的烙印，和留在底片上的影像一樣，是難以磨滅、根深蒂固、難以改變。

如果我們在孩子兩三歲的這個關鍵的年齡層裡，不能給孩子正確的教育，那麼孩子是成為「名鶯」，還是「野鳥」？您一定很清楚了。

超限效應

不要頻繁地指責孩子

當孩子做錯事時，父母經常會一次、兩次、三次，甚至四次、五次對孩子做同樣的批評，使孩子從內疚、不安到不耐煩，最後反感、討厭。家長對孩子的批評不能超過限度，應對孩子「犯一次錯，只批評一次」。這樣，孩子才不會覺得自己被「揪住不放」，厭煩心理、反抗心理也會隨之降低。

超限效應

一次，美國著名作家馬克．吐溫到教堂聽牧師的募捐演講。最初，他覺得牧師講得很好，令人感動，就準備捐出自己身上所有的錢。過了 10 分鐘後，牧師還沒有講完，他有些不耐煩了，決定只捐一些零錢。又過了 10 分鐘，牧師還沒有講完，他決定一分錢也不捐。

牧師終於結束了冗長的演講！開始募捐時，馬克．吐溫由於氣憤，不僅未捐錢，相反，還從盤子裡拿走了兩塊錢。

刺激過多、過強或作用時間過久，都會引起接受者的不耐煩或反抗心理，這就是心理學上的「超限效應」。超限效應在家庭教育中時常發生，例如孩子犯錯了，父母會一次、兩次、三次，甚至四次、五次對孩子做同樣的批評，這些批評使孩子從內疚、不安到不耐煩，最後到反感討厭。被「逼急」了，就會出現「我偏要這樣」的反抗心理和行為。

事實上，父母對孩子沒有必要有錯必究。孩子身心發展水準較低，認知能力、思維水準、自我控制能力等比較差，犯一些小錯誤是難免的，也是情有可原的。如果對其要求過於苛刻，以為不管多大的孩子做了錯事都是非常糟糕的，是品行或道德問題，凡事上綱上線，甚至不惜用謾罵體罰來糾錯，勢必造成負面影響，使孩子受到重大的心理創傷。

一旦受到批評，孩子總需要一段時間來恢復心理平衡。受到重複批評時，他心裡會嘀咕：怎麼老這樣對我？這樣，孩子挨批評的心情就無法復歸平靜，犯錯違規的衝動沒有化解，反而被壓抑，成為一種心理情結，削弱了孩子的防禦能力與生存能力，使孩子的反抗心理高亢起來。

為避免這種超限效應的出現，家長對孩子的批評不能超過限度，應對孩子「犯一次錯，只批評一次」。如果非要再次批評，不應簡單地重複，要換個角度、換種說法，這樣孩子才不會覺得自己被「揪住不放」，厭煩心理、反抗心理也會隨之降低。

總之，家長在批評孩子時應注重「度」，掌握好「分寸」，避免「物極必反」的超限效應。「不及」固然達不到既定的目標，但「過度」又會產生超限效應，非但達不到應有的效果，甚至會出現一些反作用。

大錯誤與小錯誤裡的智慧

在一次宴會上，來賓中有人引用了「謀事在人，成事在天」的格言，並說此話出自《聖經》。當時，著名成功學家戴爾．卡內基也在場，淵博的學識使他意識到：這位客人是錯的，此話出自莎士比亞的戲劇。於是他立刻指了出來，客人聽後惱羞成怒，與卡內基爭辯起來。

當時卡內基的老朋友葛孟也在場，葛孟是研究莎士比亞的專家。於是卡內基和客人便請葛孟來裁決。葛孟在桌子底下踢了卡內基一腳，說：「你錯了，這位客人是對的，這句話出自《聖經》。」

回家的路上，卡內基很不明白葛孟為什麼要錯判。葛孟說：「當然，那句話是出自莎士比亞《哈姆雷特》第五幕第二場。可是為什麼非要去證明他錯了呢？我們大家都是宴會上的客人，為什麼不保留他的面子呢？」

一些無關緊要的小錯誤，何必要計較，為了求全而責備他人？

父母總是希望自己的孩子是最好、最優秀的，為此，他們不能忍受孩子犯錯，大到考試成績是否理想，小到鈕子是否扣好，頭髮是否梳理成父母喜歡的髮型，一切的一切，他們都要插手。

事實上，只要孩子不是犯錯過大，對一些不符合父母標準的小錯誤，父母可以加以提醒，不需要橫加指責。過多地指責會使孩子常常處於無地自容的境地，尤其是在陌生人面前斥責孩子，對孩子的打擊更大。時間長了，孩子就會形成一種消極的思想「我不行」、「我做不到」等等，埋下了自卑的種子。

對於小錯誤，父母應當保留孩子的面子，做出適當的提醒。對於大錯誤，父母同樣應該注意孩子的心理承受力，防止批評過度。

松下公司創始人松下幸之助因經營技巧高超、管理方法先進，被譽為「經營之神」，他對待下屬錯誤的方法也是值得每個人學習的。

松下公司的工廠曾發生過一起特別嚴重的火災，大火燒掉了很多財產。當時擔任廠長的後藤清一原是三洋電機公司的副董事長，跳槽到松下公司旗下的。工廠失火後，後藤清一心中十分恐慌，松下幸之助一向以嚴謹的作風為管理祕訣。以前，即使因為打電話的方式不當，他也會受到松下幸之助的嚴厲斥責，現在發生這麼嚴重的錯誤，不被革職也要降級。

後藤清一做好了報告失火情況後接受處罰的準備。不料，接到報告後的松下幸之助只對他說了四個字：「好好做吧！」

這樣做，並不是松下幸之助姑息部下的過錯。因為他深知：在犯小錯誤時，當事人多半並不在意，因此需要嚴加斥責，以引起他的注意；相反，在犯下大錯誤時，傻子也知道自省，因此就不必要再去給予嚴厲的斥責了。

果然，在這次火災發生後沒有受到懲罰的後藤清一，因心懷愧疚，對松下幸之助更加忠心效命，並以加倍的工作來回報。

教育孩子應該如此，然而遺憾的是很多父母易犯這樣的錯誤：孩子犯了小錯誤，父母跟孩子一樣，不去注意，更不用說提醒孩子注意了；而當孩子犯了大錯誤，正在內疚、痛苦，需要安撫的時候，父母不但不去撫慰那顆脆弱的心，反而不等孩子從挫折感中恢復過來，就在現場大呼小叫，一遍遍捶胸頓足地數落孩子，甚至將孩子過去所犯的錯誤都翻出來數落一遍。

實際上，對於小錯誤，孩子往往不覺得它是一種錯誤，如果不及時糾正，孩子往往會養成不良的做事習慣；對於大錯誤，每個孩子都清楚錯誤的嚴重性，所以不管小錯誤還是大錯誤，最好的教育方法是參透兒童的心理，防止超限效應。

批評的藝術——「三明治策略」

美國著名企業家玫琳凱在管理員工和教育孩子中遵循這麼一條原則：不管要批評的是什麼，你必須找出對方的長處來讚美，批評前和批評後都要這麼做。玫琳凱把這一原則稱之為「三明治策略」。

我們知道，批評只有被對方從內心接受才能生效。這就意味著，批評雖然有道理，但不等於被對方接受。其實，人的心理都一樣，那就是希望被自己上司或周圍人尊重的心理都很強烈，沒有比受人輕視更不愉快的事情了。

心理學研究顯示，接受批評最主要的心理障礙，是擔心批評會傷害自己的面子，損害自己的利益。為此，在批評前要幫助他打消這個顧慮，才能讓他把批評聽下去。打消顧慮的比較好的方法，就是先表揚、後批評，亦即在肯定他的成績的基礎上再對他進行適當的批評。

玫琳凱認為，批評是針對行為，而非批評人。在討論問題之前之後，不要忘了讚美，而且要試著以友善的口吻結束論題。用這種方式來處理問題，你不會使對方覺得遭到太過無情的責難，引起對方的憤怒。

將玫琳凱的管理經驗應用到教育孩子方面，效果也是極其明顯的。例如，父母對孩子說：「你最近表現不錯，老師說你聽課很認真，作業也能按時完成，要是你能把作業的出錯率降低一些，就很完美了。」像這種勉勵多於指責的話，孩子當然樂於接受。

孩子做錯事後，有些父母會隨意地對孩子發脾氣，最後再用一句讚美的話來結束。儘管有些專家鼓勵這種技巧，但是我們可以設想一下，一個遭到嚴厲批評，正感到極大震撼的人，他怎麼可能聽得到你最後給他的讚美？很明顯，這最後的讚美是多餘的。這種批評沒有建設性，只有破壞性。

批評的目的是指出錯在哪裡，而不是對孩子進行人身攻擊。因此，什麼樣的方法更為有效，父母就應該採用哪種，柔和還是嚴厲，全在父母的選擇。每個人都有自尊，即便是還未成年的孩子。他們往往因為年齡閱歷的關係更為在意別人的話語，尤其是自己的父母。指責孩子的時候，如果傷害了他的自尊就等於挫敗了他的積極性。

有一次，玫琳凱召集一群美容顧問舉行業務會議。會議中，玫琳凱發現其中一位美容顧問的化妝箱很髒。這是一位新進人員，她看起來又一副缺乏自信的樣子，玫琳凱認為化妝箱的髒亂會導致她的業務成績不佳。玫琳凱想，如果採用直接的方式來表達自己的意見，也許會傷害到她。所以玫琳凱決定以一種更靈巧的方式來傳遞——試著在業務會議上提醒她。

於是，在業務會議上，玫琳凱用「整潔是神聖的基礎」為題進行演講。

在整個會議中，玫琳凱一直提醒每位美容顧問要表現出她的專家風範。「如果妳走進一場美容課，看到美容顧問的化妝箱有些汙垢，妳會如何想？」她問在座的美容顧問，「我們從事美容這一行，必須時時刻刻表現出整潔的形象。」

那名員工並不知道這是針對她而說的，但這次演講卻對她極有幫助。儘管別人也可從玫琳凱的演講中學習，但最主要的是那位女士獲得玫琳凱的勸告，而不必忍受針對她批評而導致的自尊受損。

一位優秀的管理人員絕不會貶低別人，這對生產力不僅無益，而且有害。父母也是同樣。父母的工作是扮演一個問題解決者的角色，父母的目的是教會孩子正確的價值取向，改變孩子不好的習慣，而不是挫傷孩子的自尊心。用這種柔和的方法取代傳統的批評，會使父母教育孩子的成功率大為提高。

採用柔和的態度並不是說父母要放縱自己的孩子，而是要求父母在提出批評時，一定要講究策略，當孩子出錯時，既要指出其錯誤，又不致挫傷其自尊心。當然，照顧孩子的情緒和自尊並不表示你不可以批評他。父母必須堅持原則，講話單刀直入。如果你對孩子的錯誤很有意見，你不該馬馬虎虎，你必須表達你的感覺，剛柔並濟。換句話說，你必須保持父母引導者的角色，同時也必須設身處地為孩子著想。

另外，父母還必須強硬和直言不諱。假如孩子真的犯了錯誤，而且問題很嚴重，你絕不可以因為顧全孩子的面子，保護孩子的自尊心而繞開問題不管，你必須表達出自己的看法。

這就需要父母雙管齊下 —— 既要關心，又要嚴格。也就是你既要發揮父母監督教育的作用，又必須對孩子表示關心。如果你和你的孩子之間界線分明，無法建立朋友一樣的親密關係，也就無法和孩子坦誠交談、坦然相對。

有用的只是忠告的內容

人生最重要的不是金錢，是忠告。對於成長中的孩子，需要的不是父母無休止的嘮叨、批評，不是父母給予豐厚的物質條件，而是教他們懂得一些人生道理，記住一些人生格言。

在中國古代，許多成就非凡的人都注重透過「立家訓」給予自己的孩子忠告。諸葛亮在《誡子書》中告誡兒子「靜以修身，儉以養德」，心靜才能專心自我提高，節儉才能培養高尚的品德。劉備給兒子劉禪「遺訓」：勿以惡小而為之，勿以善小而不為。唯賢唯德，能服於人。

今天，一些父母教育孩子，往往語言貧乏，囉哩囉嗦，嘮嘮叨叨，翻來覆去就那麼幾句話，孩子聽得不耐煩，當父母的還生一肚子氣。許多時候，尤其當孩子遇到考驗、困難，或心情沮喪、情緒低落的時候，最需要的就是父母指點迷津的人生忠告，而不是重複的批評和囉唆。

重複的批評囉唆不但不能達到教育的效果，有時甚至會適得其反。有這樣一個心理學上的遊戲：

請一個人快速重複「老鼠」這個名詞十遍，當他剛剛說完第十遍「老鼠」後，如果有人馬上提問：「貓怕什麼？」要求他立即回答，他幾乎 100% 會回答「老鼠」！這個遊戲的規則是一要快速重複，二要立即回答。如果雙方都能遵守這兩條規則，那麼答案肯定是「老鼠」，成功率接近 100%。

這個遊戲表明，當你在無度地重複某一件事或某一個概念的時候，你的智力就在重複的過程中不斷下降，當你的智力降到低點的時候，你的判斷力也下降到了低點，從而造成錯誤判斷。

在我們的學校教育中，普遍存在這樣的現象，一些中小學教師讓學生把做錯的題再重複做十遍，讓學生把寫錯的字重新寫一百遍。學生說：「不用到一百，到了三十多遍的時候我就已經不認識這個字了。」

父母教育孩子也存在這樣的問題。當孩子犯錯的時候，父母總是不斷地在這個問題上重複批評，翻來覆去地說，使孩子由想改正變為抗拒。

認知過程有它自身的規律，認知心理有它自己的特徵，父母的教育不但要符合孩子的認知規律，還要符合孩子的心理特徵，這樣才能達到良好的教育效果。

「打是親，罵是愛」已經落伍啦！

很多父母想以批評來改掉孩子的某些壞習慣，事實證明這是根本不可能的。因此，父母應該調整自己不良的教育習慣，適當地鼓勵孩子，而不是一味責備。

正在讀中學的凱文是父母和旁人眼裡的「問題少年」。他不愛讀書，成績很差，生活中對什麼都無所謂、不在乎，不愛與人交流，基本上沒有朋友。

爸爸媽媽曾多次送他到各種培訓班，並為他請家教，他的成績卻毫無起色。生活上有什麼問題，凱文也不跟爸爸媽媽說，在家裡，他和父母很少說話，幾乎不存在親子溝通。

無奈之下，母親帶凱文去看心理醫生。

經過教育心理專家與凱文溝通後才發現，導致他行為異常的根本原因在於他內心充滿了叛逆想法，他對自己的母親甚至表現出了一種近乎仇恨的反感。凱文說，自己從小到大幾乎沒聽過媽媽的一句讚美，倒是責罵聲不斷且從不顧及場合。

正是由於父母在教育方法上的錯誤，導致了凱文毫無生活熱情，沒有目標感，因而對讀書沒興趣，人生觀極端消極。

父母總是認為：打是親，罵是愛。殊不知，在你們的打罵下，孩子的心已經和父母走得越來越遠。教育專家研究發現，對孩子的教育中出現過多的批評，會導致孩子有意識地逃避批評或者逃避可能導致被批評的環境。

比如說，經常被父母批評不敢下水學游泳的孩子，到後來會產生一種懼怕水的心理，嚴重的連走近河邊或池塘邊也會懼怕；父母如常批評孩子的作文不好，孩子就有可能會放棄努力學習作文的念頭，嚴重者還會放棄其他科目的學習。

消極的批評容易導致消極情緒反應的習慣模式。孩子很容易把批評視為一種懲罰，通常是以哭鬧、憤怒、怨恨、害怕作為受到批評時的反應，這樣的反應方式，無疑是消極的情緒反應，妨礙了任何積極的反應行為。

一位父親說：「我叫 7 歲的兒子接住我投過去的壘球，但是他害怕球彈起來打到他，就往後退或是往旁邊躲。我很生氣，就說他像個女孩子，他哭著跑了。後來有好幾個星期他都不肯和我一起玩投球遊戲。過了一段時間，在我的請求下我們又一起來到院子裡，這次我沒有責怪他、刺傷他，他接得好我就誇獎他，他很快就學會接球了。」

當父母發現自己的言行對孩子造成了傷害後，應及時向孩子鄭重道歉，並嘗試發現和表揚孩子的優點。同時，讓孩子參加一些心理拓展訓練，將孩子與父母隔離一段時間，利用第三方力量彌合親子關係，鼓勵孩子建立積極的人生觀也是一種不錯的教育手段。

木桶定律
讓孩子全面發展

哈佛大學教授霍華德・加德納：每個人至少有九種智慧，即語言、邏輯數理、音樂、身體、空間、人際關係、內省、自然觀察和存在。以此衡量，「放牛班」幾乎不存在。

木桶定律

一個木桶盛水的多寡，並不取決於桶壁上最高的那塊木板，而取決於桶壁上最短的那塊木板。這一規律就是在諸多領域中廣泛應用的「木桶定律」，也叫「木桶理論」。

「木桶定律」有三個推論：

- 其一，只有桶壁上的所有木板都足夠高，木桶才能盛滿水，只要這個木桶裡有一塊木板不夠高，木桶裡的水就不可能是滿的；
- 其二，比最低木板高的木板的高出部分都是沒有意義的，高得越多，浪費越大；
- 其三，要想提高木桶的容量，應該設法加高最低木板的高度，這是最有效也是唯一的途徑。

對這個理論，初聽時你或許會懷疑，最長的怎麼反而不如最短的？繼而就會理解和贊同，確實，木桶盛水的多寡，產生決定性作用的不是那塊最長的木板，而是那塊最短的木板，因為水的介面是與最短的木板平齊的。

與木桶定律相似的還有一個鏈條定律：一根鏈條跟它最薄弱的環節有著相同的強度，鏈條越長越薄弱。

觀察構成一個組織的各個部分，我們很容易發現，各個部分往往是參差不齊的，而決定整個組織水準的往往是那個最薄弱的部分。

觀察構成一個產品的各個部分，我們也能夠發現，產品各個方面的品質都是不一樣的，而決定整個產品等級的往往也是那個水準最低的部分。

觀察一個人也同樣，每個人都有優勢和劣勢，它們共同構成了一個人的能力，然而，如果他的致命劣勢無法改變，他的一生都無法接近成功。

「最短的木板」、「最弱的環節」與「最大的劣勢」都是組織中的一部分，它們與整個組織息息相關，你無法把它們徹底排除在組織之外，你能做的只有「加長最短的木板」、「增強最薄弱的環節」與「改變最大的劣勢」。因此，前進或者成功的真正意義就是去修補最短的那塊木板。

對於個人來說，如果有些缺點得不到改善，將會給自己帶來致命的打擊。因此，不管個人還是組織，都應該突破自己的瓶頸，補齊最短的那塊「木板」。

13歲的數學神童

某間小學出了一位讓學校師生與有榮焉的學生小燕（化名）。國小畢業後，她以優異的競賽成績免試進入名校中學。然而，在該中學的生活開始沒多久，小燕就強烈要求轉學。理由是：總是要準備競賽，太煩，希望能全面發展，過正常的中學生活。

當前，在各個中小學，各種學科競賽此起彼伏。一些學校和家長為了孩子在競賽中取得好名次，不惜犧牲孩子的身心健康，把學生當成競賽「工具」，使得孩子讀書就像是在服「苦役」，毫無任何快樂可言。更有一些父母，為了滿足自己的虛榮心，互相間大肆攀比，竭力督促孩子發展特長，使得孩子疲憊不堪，靈性喪失。

木桶的容量取決於最短的那塊木板，對於一些存在某類知識缺陷的人來說，能力的發揮總是受到瓶頸學科的制約。簡單地說，企業中從事研發的如果不懂市場，自己的辛勞成果就會一文不值；鑽營市場的如果對技術一竅不通，就難以把自己的產品優點向客戶做全面的更有說服力的展示……一個人只有具有廣博的知識技能，並讓其充分發揮、協同效應，才可能做出偉大的成就。

孩子們也是如此，學習能力發展失衡如不能得到及時糾正，過分強調孩子的優勢或特長，忽視甚至放棄孩子的弱勢能力，勢必影響孩子未來的學習和生活。

青少年處於人生的成長、發展階段，正是全面打基礎的時候，因此，讓他們安安心心、踏踏實實地讀書，一步一個腳印往前走很重要。如果為了眼前一時的名與利，讓孩子畸形發展，到頭來只會誤了孩子。

所以，我們在為「神童」的特長而欣喜時，別忘了重視他的短處。未成年人彷彿是棵破土幼苗，如果只是大量施肥、拔苗助長，並不利於他們茁壯成長，陽光、水、土壤、空氣等諸多要素一個也不能少。只有讓孩子從小接受系統的教育，心智健全，全面發展，後勁才足，長大後才會有一個廣闊的發展空間和美好的前程。

素養教育的五塊「木板」

卡爾．威特教育理論的傳播激發了天下父母新一輪的「天才」夢，父母們開始在孩子很小的時候就傳授給他們知識，但並不是所有的父母都顧及孩子的全面健康發展，比如說彼得夫婦。

小彼得今年才 6 歲，但已經在爸爸媽媽的指導下學完了小學的所有課程。爸爸媽媽希望他也能在十幾歲的時候進入哈佛讀大學。現在，父母正四處找人，幫他聯絡一所適合他上的中學，讓他能繼續接受教育。

彼得夫婦動機良好，可惜卻走上錯誤的路線。片面追求某一類文化知識的提高，其結果很可能與自己的初衷大相逕庭。現實中就存在這樣一種耐人尋味的現象：在學校裡成績排在十名左右的孩子，在社會上往往比那些成績總是一二名的孩子成功。專家們稱其為「考試現象」。考試現象的根源在於部分家長片面追求智慧發育，忽視了孩子全面能力的培養。殊不知，與單純的智育相比，孩子綜合素養的培養更為重要，只具備一種素養的孩子客觀上只能劃入「低能」的行列。

長期以來，我們一直在提倡素養教育，所謂素養教育，從其內容上講，也就是要求學校、社會和家庭對學生的德、智、體、群、美等方面進行綜合提升的教育。如果把素養教育比作「木桶」的話，它由德育、智育、體育、群育、美育五塊「木板」組成。

在由德、智、體、群、美五塊「木板」圍成的素養教育中，不少的老師和家長都非常重視智育這塊「木板」的長度，而現行的升學制度、考試制度等考核方式，無疑也加劇了包括學生在內的人們對智育的畸形重視。

要使素養教育收到最好效果，也就是說，要使這個「木桶」裝上最多的「水」，智育當然是其中十分重要的內容，但是，也絕不能因為重視智育而放鬆了德育、體育、群育和美育。

事實上，很多的學校、家庭中出現的問題都已經給我們敲響了警鐘。有的放鬆了對學生的品德教育，導致他們犯罪；有的不重視學生的體育，結果一些成績優秀的學生成了「豆芽菜」體型；有的不注意學生的美育，導致他們盲目接受社會的非主流文化……種種不良的社會現象提醒我們：

無論是學校，還是家庭、社會，都不要單純地追求某一方面的教育。

「只要成績好，就什麼都好，其他諸如德、體、群、美等無所謂」，這種觀點是錯誤的。「重智力、輕德育」會導致孩子的畸形發展，造就一批高分低能、心理不健康、人格不健全的孩子。

手錶定律

為孩子訂定明確的目標

尼采說：兄弟，如果你是幸運的，你只需有一種道德而不要貪多。只有一支手錶，就可以知道是幾點，「兩支手錶」並不能告訴孩子更準確的時間，只會讓孩子失去對準時的信心。它會把孩子弄得無所適從，心力交瘁，不知自己該以哪一個為標準。

手錶定律

只有一支手錶，可以知道是幾點，擁有兩支或兩支以上的手錶，有時卻無法確定是幾點。兩支手錶並不能告訴一個人更準確的時間，反而會讓看錶的人失去對準確時間的信心 —— 這就是知名的「手錶定律」。

「手錶定律」給我們非常直觀的啟發：一個人不能由兩個以上的人來指揮，否則將使這個人無所適從；一個人不能同時選擇兩種不同的價值觀，否則，他的行為將陷於混亂。同樣，一個孩子不能同時接受父母不一致的教育，否則，他將無所適從；一個孩子不能同時接受父母給予的兩種價值觀，不能接受兩個以上的目標，否則他的生活將陷於矛盾中。

你培養孩子的目的是什麼？這是所有父母都必須認真思考的問題。

你希望自己的孩子變成怎樣的一個人 —— 大富翁？藝術家？企業家？演說家？廚藝超群的廚師？廣受歡迎的年輕人？給身障兒童帶來希望的老師……

不管你希望他變成怎樣的一個人，對他自己來說，他需要的是能夠做自己真心想做的事情，建立唯一的價值觀，擁有一支「手錶」。

而實際情況是，孩子總是被教育去滿足父母的期望，去適應老師替他們塑造的模式，從來就沒有機會考慮自己有什麼樣的期望。更為嚴重的是，有的父母甚至給孩子的是兩支或兩支以上的「手錶」：

他們總是教育孩子要敬老愛幼，可是當孩子在公車上讓座給老人時，受到的是父母的厲聲喝斥；

他們總是教育孩子做人要誠實，可是當自己遇到不樂意做的事情時，謊話總是順口就來；

他們總是教育孩子今後要從事高科技行業才有出息，可是又不停地帶孩子參加各種的才藝教室；

他們總是告訴孩子要為自己而活，尋找自己人生的價值，可是總是習慣性地拿自己的孩子跟別人的孩子比較；

……

迷茫的孩子不知道自己究竟該聽哪個，是父母的言語呢，還是父母的行為？是自己的心聲呢，還是周圍人的意見？

「兩支手錶」並不能告訴孩子更準確的時間，只會讓孩子失去對準時的信心。它會把孩子弄得無所適從，心力交瘁，不知自己該信仰哪一個。父母真正應該做的是引導孩子選擇其中較信賴的一支，盡力校準它，並以此作為孩子的標準，聽從它的指引。

特長早發現，天才早培養

法國一家報紙進行智力競賽時有這樣一個題目：

如果羅浮宮失火，當時情況只可能救一幅畫，那麼你救哪一幅？

多數人都說要救達文西的傳世之作——〈蒙娜麗莎〉。結果，在成千上萬的回答中，一位作家以最佳答案贏得金獎。

他的回答是：「我救離出口最近的那幅畫。」

這個故事說明一個深刻的道理，成功的最佳目標未必是最有價值的那個，而是最有可能實現的那個。

年僅 12 歲的小羅已經有 44 份證書了。這裡面有繪畫比賽的，有鋼琴演奏的，有數學競賽的，有作文比賽的……甚至還有多益綠色證書。

小羅是從 3 歲開始加入「考證」大軍的。3 歲的時候他就開始鋼琴演奏，從第一次登臺演出至今，參加的演出和比賽不下百次。父母一心望子成龍，他們不想失去任何一個可以使小羅得到鍛鍊的機會，認為每一個證書對小羅的將來都會有幫助，因此，不惜讓 12 歲的兒子承受巨大的壓力。對此，爸爸說：「我相信孩子以後會明白我們的苦衷的。」

因為「被迫」忙於考證書，小羅放學後基本不回家，抓緊時間趕去另一個地方學習，週休二日也不能休息，晚上常常只能睡兩三個小時。「長這麼大，我還從來沒到公園玩過。」小羅遺憾地說。

不加選擇地為孩子的未來做很多規劃，是很多父母的毛病。孩子們在沒有一個準確定位的人生道路上疲於奔命，更多的精力浪費在以後不會用到的特殊技能的學習上，真正有用的也可能因此而耽誤。

美國作家梭羅說：我們的生命都在芝麻綠豆般的小事中虛度，毫無算計，也沒有值得努力的目標，一生就這樣匆匆過去，因此國家也受到損害。

因此，在人生的路上，做好選擇，有所取捨是必不可少的。放棄什麼，選擇什麼，是一門藝術。人們常說「捨得」，捨得捨得，有捨才有得。有時，放棄就是獲得。培育孩子也是同樣的道理，什麼都想學，往往什麼都學不精；什麼都想得到，往往得不償失。

珍·古德喜歡研究野生動物，她清楚地知道，自己並沒有過人的才智，但在研究野生動物方面，她有超人的毅力、濃厚的興趣，而這正是這一行所需要的。所以她沒有去研究數學、物理，而是到非洲森林裡考察黑猩猩，終於成為著名的科學家。

實際上，每個人都有很多優點和才能，這些優點便是你成功的關鍵。等到你能清晰地看到自己的特長，確信能在什麼方面取得貢獻，你便開始邁向成功。相反，如果你看不出自己的優點和才能，盲目跟風，最後肯定無法如願以償。

俗話說：好的開始是成功的一半。幫孩子尋找並確立一個好的開始，努力之前，先弄清方向，遠比一開始就埋頭追趕別人要來得有效率。

切忌把自己的期望當成孩子的目標

擁有兩支手錶，會讓我們無法校準時間，但如果一支手錶也沒有，孩子們就連一個標準也沒有了。

美國前副總統艾爾．高爾和他的妻子蒂珀一直牢牢記著這樣一句話：做一隻狗要有目標，更何況是做一個人。

故事起源於一個小小的生活片段。高爾夫婦打算養一隻小狗，讓牠陪著兩個幼小的孩子玩耍，另外看房子。小狗被抱回來以後，他們就請馴犬師幫忙訓練它。

聽完他們的想法，馴犬師問道：「小狗的目標是什麼？」

夫妻倆面面相覷，很意外，他們嘟囔著說：「一隻小狗的目標？當然就是當一隻狗了。」他們也確實想不出狗還有什麼另外的目標。

馴犬師極為嚴肅地搖了搖頭說：「每隻小狗都得有一個目標。沒有目標的狗是訓練不好的。」夫婦倆商量之後，為小狗確立了一個目標：白天和孩子們一道玩，夜裡看家。後來，小狗被成功地訓練成了孩子的好朋友和家的守護神。

每隻小狗都有自己的目標，何況是人。沒有目標的人生活是沒有方向的，他離成功也就越來越遠。

我們父母常常把自己的期望當成孩子的目標。但是，孩子漸漸在長大，不論父母的期望怎樣的美好，都不是自己的。除非有一天，這個期望已經成功地移植在了孩子自己的心底，生根發芽，長成了孩子的目標。

世俗的流轉不是孩子的目標。也許社會上正流行某一種追求，或者某件事情比較有市場。但這並不代表你的孩子也有一樣的價值取向。父母間的盲目攀比會讓你覺得，如果孩子能夠符合大眾的口味會使你很有面子，但是在滿足你虛榮的同時，你付出的代價也許就是孩子一生的幸福。

正確地幫孩子選擇價值觀，最好還要知道某種價值觀對孩子的重要性達到什麼程度，以及想用什麼方式來表現。

當孩子選擇了最重要的事情時，他的價值觀會影響他的決定。如果你想給孩子一個非常充實、自由的人生，那麼你就要給孩子選擇手錶的自由。

百萬富翁還抱怨什麼？

有個大學生，一直熱愛畫畫，大學畢業後，他出國留學繼續深造。可是，在國外的生活太拮据了，讀書之餘，他還要靠打工賺生活費。

後來，有人介紹了一份工作給他：幫飯店修剪草坪。這個工作和畫畫毫無關係且大相逕庭。修剪草坪不僅需要一身好體力，而且剪草坪的剪子還會把手磨得粗糙不堪。

起初年輕人很不情願，因為他的夢想是當一名油畫家而不是草坪工人。但現實是不能由自己的意願決定的，他只好一次次地去飯店外面，對著草坪和灌木，不斷重複單調的工作。

在國外的3年時間裡，他就這樣一直靠幫各種飯店修剪草坪謀生。漸漸地他發現，修剪草坪並非總是那麼枯燥。有一天，他不小心鏟壞了一塊草皮，想了很多辦法來挽救這個錯誤，當經過修復的草坪看起來比原先還要漂亮整潔時，他突然發現自己已經深深愛上了這個行業。

從此，年輕人花了更多的心思在修剪草坪、花卉整理上。漸漸地，他的園藝技術越來越高，慕名請他前去替自己修剪草坪的人越來越多，他賺的錢也越來越多，生活日漸好轉，年輕人再也不用親手修剪那些草坪了，他的意見甚至比他的技術更值錢。

轉眼間，又兩年時間過去了。靠著修剪草坪這項技術，年輕人擠進了百萬富翁的行列。他買了房子，過上了富足的生活，再也不用打工賺錢維持生存了。父母朋友都替他感到欣慰，說他終於實現了夢想。然而，年輕人並不是很開心，他總覺得自己的生活缺少點什麼，直到有一天要搬新家了，整理舊行李的他突然翻出了自己當初學畫的畫板、畫筆等，看著這些自己曾經的夢想，年輕人迷茫了：自己現在究竟算是成功呢，還是越來越偏離夢想了呢？

成功完全是種個人現象，完全屬於個人認知的範疇。不同的人，成功有著不同的意義。假如違背了自己的價值觀，不管達到什麼樣的目標，你都不會有太多的成就感。

一位慈善者想幫助一個酒鬼。他為酒鬼租了房間供他清醒，並提供飯食和衣服，他還為酒鬼找了份工作，使他能重新開始生活。可是這個酒鬼說：「我不想工作，我就想當個流浪漢。我不要人供養，我只要自由自在。」

有位受過高等教育的年輕人，他完全可以在繁華的都市找一份報酬很高的工作，但他選擇了到貧困落後的地區當一名教師。他的生活清苦，但他認為自己正在做真正重要的工作，他為此感到安心。

每個人對成功的定義都不一樣，每個人都有著不同的優點、興趣、目標和價值觀。要想成功，你一定得對自己誠實，你一定得尊重自己的本質。你必須平衡你的生活，平衡你所有的希望和需求。

為了保持這種平衡，你必須依據你的本質做出選擇。這些抉擇包括你所做的每一件事——從挑選衣服到選擇房子，從從事什麼工作到閒暇時要和哪些朋友在一起。要成功也就要自我負責。你最好試著自己做出決定，不要讓他人的建議來影響你，因為只有你自己才知道自己需要什麼。

讓孩子知道：清楚自己在做什麼是最重要的，別人如何看待你的工作、決定、努力、動機或成就，這些都不要緊，因為只有我們最清楚自己所作所為的重要性。我們必須依據自己的價值和信念評估自己一生的作為。

他人的掌聲及喝采固然令人高興，但最重要的還是你對自己的評價。如果你已經知道自己真正的需求，就沒必要再去徵求他人的意見。在這個時候，任何人的建議都只會影響你的自我判斷和決心，對你來說，最好的辦法也許就是忠於自我，勇於實現自我。

孩子也有他的價值觀，你的孩子想走的也許不是你已為他掃平荊棘的那條路，不要讓孩子為了他人的喝采調整自己的手錶，也不要讓孩子因為父母手錶的時間和自己的時間不同而混亂了生活。

禁果效應

別把孩子的友情當愛情

談戀愛對青少年而言是正常的，家長不必把它看成大逆不道的滔天大罪，施以重壓。更不應該粗暴干預，而應該理解他們的需求，幫助孩子樹立正確的愛情觀，了解愛的真諦，以平等的姿態與他們交流自己對人生、愛情、學業的感悟。

禁果效應

「禁果」一詞源於《聖經》，它講的是一名叫夏娃的年輕人原本對智慧樹上的果實熟視無睹，但上帝著重強調不准任何人偷摘果實，這引起了夏娃的注意和興趣，最終偷吃了禁果，被上帝貶到人間，後來人們把這種被禁果所吸引的心理現象，稱之為「禁果效應」。

在現實生活中，我們也能常常見到這種現象，父母的干涉非但不能減弱戀人之間的愛情，反而使感情得到加強。由於青少年處在特殊的發育期，好奇心強，反抗心理重，因此，人為地干預就會出現禁果效應。父母的干涉越多，反對越強烈，戀人們相愛就越深。

德比和愛麗絲是 13 歲的中學生，青春期情感的萌動使他們相互吸引走到了一起。一開始，老師和家長都竭盡全力干涉，然而，這種干涉反而為兩個孩子增加了共同語言，他們更加接近，儼然一對棒打不散的鴛鴦。

後來，校長改變了策略，他將孩子和老師都叫去，不僅沒有責備孩子們，反而說是老師誤會了他們，把純潔的感情玷汙了。過後，這兩個孩子還是照樣來往，但是沒過多久，他們就因為缺乏共同點而漸漸疏遠，最終，由於發現對方與自己理想中的王子和公主相差太遠而分道揚鑣。

心理學家的研究發現，越是難以得到的東西，在人們心目中的地位越高，價值越大，對人們越有吸引力，輕易得到的東西或者已經得到的東西，其價值往往會被人所忽視。

其實，處在青春期的孩子都希望自己能夠獨立自主，不願意成為被人控制的傀儡，一旦別人越俎代庖，代替自己做出選擇，並將這種選擇強加於自己時，就會感到自己的主權受到了威脅，從而產生一種心理抗拒，排斥自己被迫選擇的事物，同時更加喜歡自己被迫失去的事物。

媽媽，我要和凱莉結婚！

有一個去德國留學的臺灣學生，有一天他到一位同是臺灣人的朋友家裡做客，朋友的女兒凱莉一面在室內跳著舞，一面大叫著「我要轉學，我要轉學」。

原來凱莉剛到這家德國小學讀書時，第一個黃皮膚、黑頭髮的女孩子的出現，在班上引起了不小的轟動。剛讀完了一個學期，一個年僅 9 歲的德國小男孩彼得就宣布自己愛上了她。

這在德國學校裡是常見的事，可是在這個東方小女孩身上，凱莉的反應不是像西方小女孩那樣得意，而是十分憤怒。而彼得卻坦然地找盡一切機會對凱莉表示親近。

有一天，凱莉生病了，向老師請了假。誰知彼得居然在班上大哭起來，說是沒有凱莉，他就不能繼續上課，他要回家。老師既沒有責罵他，也沒有安慰他。

到了家，彼得哭著對媽媽說：「媽媽，我要和凱莉結婚！」發生了這麼可笑的事，在亞洲，家長即使不引以為羞，也會引起深深憂慮的。但在德國，卻全然不是這樣。

留學生好奇地向朋友詢問彼得的媽媽是如何反應的。朋友說：「彼得的媽媽聽完彼得的請求之後，摸著小彼得的頭說道：『那很好啊，但是結婚要有禮服、婚紗、戒指，還要有自己的房子、花園，這要花很多很多的錢，可是你現在什麼也沒有，連玩具都是媽媽買給你的。你要和凱莉結婚，從現在起，就得努力讀書，將來才有希望得到這一切。』」從此以後，彼得為了能夠娶到自己的「新娘」，在課業上比以前更加努力了。

面對孩子在異性面前的「非常」舉動，父母要理解並接受孩子青春發育期的生理和心理狀態。處於成長發育期的孩子渴望與異性夥伴交往，問題的關鍵在於如何培養孩子形成健康的異性間情感。兒童雖不會有成年人的那種異性之愛，但有必要從小培養孩子能與異性建立健康的情感，使他們能夠理解異性，尊重異性，能與異性建立自然的、友愛的關係，同時也很好地促進了孩子人際關係的充分發展。

瑪莎的異性朋友

「青少年戀愛」往往是個嚇人的話題。不少父母對孩子 —— 尤其是女兒與異性的交往十分警惕，十二分擔心，害怕她們會談戀愛，更擔心她們由於無知、好奇而發生難以挽回的後果。其實，這種擔心是多餘的。

瑪莎是一位漂亮而又文靜的國中一年級學生，她覺得現在的父母太不理解孩子的感情了。瑪莎為什麼有這樣的看法呢？

瑪莎在六年級時和班上一位叫比爾的男生很要好，一天放學後，她高興地告訴媽媽，說很喜歡和比爾在一起。媽媽聽後不容分說就把瑪莎教訓了一頓，她十分委屈，但又無處訴說。時間一久，原來那個活潑開朗的瑪莎逐漸養成了孤僻的性格，不再願意和任何人交流，瑪莎的變化讓疼愛她的父母非常著急，他們懇請老師幫忙開導開導自己的女兒。

老師得知瑪莎的「戀情」後也吃了一驚，他答應了瑪莎父母的請求。後來老師找個機會和瑪莎單獨進行了一次交流。剛開始，老師談起那個叫比爾的男生時，瑪莎沉默不語，無論老師怎麼誘導，瑪莎也不肯主動談自己和比爾之間的事情。後來老師問道：「妳為什麼會喜歡比爾呢？」

「他功課好，我有不懂的地方問他，他都幫助我，所以我覺得和他在一起感到很快樂。」

看來，這並不是孩子談戀愛的問題，而是瑪莎與父母之間在接觸異性朋友問題上的認知出現分歧，造成了父母和孩子之間的心理隔閡。

瑪莎讀國三時，母親有一次查看女兒的作業，在女兒的書包裡無意中發現了一名男生的作業本，她好奇地翻了一下，發現這名男生的作業本裡夾著一片大大的玫瑰花瓣，花瓣上寫滿了文字，母親仔細一看，竟是女兒寫給這名男生的「玫瑰情書」！在信中，女兒表達了自己對班上這位「小帥哥」的喜愛。

瑪莎的母親在為女兒的行為感到可笑的同時，又感到巨大的震驚，因為她實在想不通，朦朧的愛慕之情怎麼會提前出現在 14 歲的女兒身上。瑪莎的父親知道後也感到了問題的嚴重性，但又不知道該怎麼辦，害怕突然向女兒提及「愛情」會重複以前的錯誤，傷及孩子的自尊。於是認真商量後，女孩的父母決定輪番上陣，旁敲側擊，讓女兒以學業為重，不要有讀書以外的任何想法。經過父母的引導，瑪莎讓父母放心，自己會好好讀書，不會辜負爸爸媽媽的期望。看到瑪莎的反應，父母吊著的心終於放了下來。然而過了一個星期，瑪莎的母親卻看到女兒和一個男生親暱地走在回家的路上……

瑪莎回到家自然免不了接受爸爸媽媽的輪番教育，次數多了，女孩厭煩了父母的嘮叨，索性宣布要搬到學校去住。

果然，第二天瑪莎的父母下班後看到女兒的衣服和被褥不見了，書桌上有一張女兒留給他們的字條：

爸爸、媽媽：

請不要以你們的眼光來看我，我不是談戀愛……一個人的成長是需要友情的，我已經開始長大，渴望得到周圍人的愛和友誼……

瑪莎

看到這裡，瑪莎父母覺得自己以前的擔心是完全的多餘的。其實，很多時候，老師和家長一旦發現孩子談戀愛，往往感到震驚和憤怒，很少有家長和老師去認真探究孩子「談戀愛」背後的真實情況，即孩子與異性朋友之間是不是真的出現了像成人一樣的戀情。

所以，家長在面對孩子這方面的問題時，千萬不能疑神疑鬼，草木皆兵，把一般的同學、朋友關係誤認為是談戀愛，而要細緻觀察、分析，確定孩子是否真的是在談戀愛。即使孩子出現了談戀愛，父母也要正確對待，不能急躁、粗暴，而是要採取孩子能接受的方式，正確引導他們走出花季的迷茫。

據調查，90% 的孩子在 8 ～ 15 歲間會有很親密的異性夥伴，這種異性夥伴關係並不能稱為「戀愛」。儘管孩子在與異性交往中有些問題需要與父母交流，而孩子也需要父母的教導，但是，父母首先要承認孩子的這種情感是美好的、聖潔的，是孩子純真性格的展現。父母應尊重孩子的這種感情，而不能用成年人的觀念無端干涉、橫加指責，否則就關閉了與孩子交流感情的閘門。

如果你變成孩子

湯姆是一個國中生，從小到大，他一直是個很聽話的孩子，功課也很好，每次考試他總是能夠得「A」。但在最近一個階段，湯姆的成績有所下降。一次在為湯姆整理房間時，母親發現了湯姆與同學之間寫的一些字條，其中不少以老婆、老公相稱，並有涉及性的內容。經過進一步的觀察，母親發現湯姆與一女生有戀愛的傾向。

母親非常擔心兒子陷入一段感情而影響課業，為此她嚴厲的責備了湯姆。湯姆內心很不以為然，但他向母親表示以後一定會專注學業。

此後不久，母親又發現兒子有了異常的舉動，先是在兒子的內衣裡發現了「祕密」，然後就是兒子放學回到家後，躲在自己房間小聲講電話。

於是，母親決定躲在湯姆學校的門口抓一次「現行」，好好教育他們。不巧的是，湯姆的母親並沒有偵察到什麼蛛絲馬跡。儘管如此，她仍然認為湯姆與那女孩暗中仍有聯絡。一怒之下，母親動手把兒子痛打一頓，並逼著兒子跪地發誓，從此以後不再與那女孩來往。

這件事讓他們母子關係十分緊張，在母子以後的相處中，湯姆處處和母親作對。母親讓他掃地他偏拿起擦桌布，母親告訴他關門的時候輕一點，湯姆偏偏讓門發出重重的響聲。湯姆在內心裡對母親充滿了敵視。

母親毫無辦法，於是罵兒子成了她唯一的教育手段，但這樣的方法非但沒有奏效，反而更加重了湯姆的反抗心理。看著因為談戀愛而頹廢的兒子，心急的母親不得已對兒子發出了警告：「如果你再不聽媽媽的話，不好好讀書，媽媽就把這件事告訴你的同學和老師。」

終於，湯姆和媽媽大吵一架後離家出走了，一連幾天他都沒有回家。

當母親意識到自己的過激行為後，她開始發瘋似的到處尋找兒子，但一切都為時已晚，因為三天後警察局的人告訴她：「有人看到神情恍惚的湯姆從一座山上失足摔了下來……」

這是一個不應該發生的悲劇。每一個青少年的父母都應該懂得，隨著孩子性心理和性生理的發展，少男少女開始意識到異性的存在，並開始對兩性關係發生濃厚的興趣，這就是所謂的「情竇初開」。青少年認為自己的情感與思想是獨一無二的，他們渴望透過行為上的嘗試、經驗上的體會來確認自己的成長與獨立。於是，戀愛便在對異性的關注和對愛情的懵懂與憧憬中不期然地產生了。

有些父母擔心孩子談戀愛惹禍，平時對孩子的異性交往監督很嚴，一有蛛絲馬跡，必須要查個水落石出。這樣做無可厚非，只是不少家長方法欠妥，總把中學生看作小孩子，不尊重孩子的人格尊嚴，私拆孩子信箋，查看日記，監聽電話，動不動就要嚴加管教，看不順眼就任意訓斥、責罵，還不允許辯解，因為辯解就是「不聽話」、「頂嘴」、「造反」。一旦發現談戀愛，更是不厭其煩地說教，甚至拳腳相加，控制人身自由。

其實，對於孩子與異性朋友來往較親密的現象，家長大可不必大動肝火。要知道這是孩子剛剛萌發的性心理的正常反應，孩子在心理上逐漸意識到兩性的差異時，他們都試圖透過與異性（並非某一特別的異性）的正常交往來驗證自己是否具有足夠的影響力。如果其影響力能夠得到證實，就會產生強大的自信，反而不容易出現戀愛、越軌的情況。

青春期是人的「心理斷乳期」，最顯著的心理發展就是出現成人感，表現為強烈渴望自己被看作大人，要求在一切事情上和大人平起平坐，自己的事情自己做主，反對父母干涉。這時，如果父母強加干預就會出現意料之外而又不可挽回的悲劇。

一位父親給兒子的忠告

隨著人們物質生活的提高，兒童的精神世界卻日漸匱乏，有調查顯示，在電影、電視劇發行領域，言情劇占每年發行總數的 50% 以上，其中有「兒童不宜」鏡頭的影片約占總數的 15% 左右。物質水準的提高，使得越來越多的高蛋白高營養食品進入尋常百姓家，這些高營養食品極大地刺激了孩子身體機能的快速發育，加上耳濡目染的「不宜」畫面，孩子們的生理和心理成熟期都不可避免地有所提前。

有一位諮商師曾經接待過一個母親，當時這位母親顯得很慌亂，說話也有點語不成句。經過諮商師的安慰和耐心詢問才知道，原來，這位母親有一個讀國小六年級的女兒，有一天她無意中發現女兒似乎正在談戀愛。

「我在整理女兒的床鋪時，看見她的枕頭旁邊有兩頁稿籤，展開一看，是一封男生寫給她的情書。」這位母親憂心重重地說，「我女兒剛上六年級，這該怎麼辦才好？」

「才六年級的孩子，怎麼會談『戀愛』呢？」諮商師問道，「情書是誰寫的，又是怎麼寫的呢？」

「是她們班成績最差的一個男生寫的。」這位母親說著把那封所謂的「情書」遞給了醫生。情書上說：「別看我現在是全班最後一名，妳等著，我一定會成為第一名！我愛妳！」

「寫得不錯呀，很精采！」諮商師笑著說，「看，妳女兒能讓一個『吊車尾』下定決心變成功課最好的學生，多有魅力呀。他父母督促他讀書，都不一定有那麼大的幹勁，妳不用緊張。妳女兒怎麼說的呢？」

「女兒對我說，『有人喜歡我，說明妳女兒很優秀，如果大家都不喜歡妳女兒，妳就高興了？』」

「妳女兒說得多棒，多幽默。」諮商師說，「願意與妳交流就是成功的第一步！如果接下來妳說，『我的女兒能讓一個男孩奮起努力，真了不起！』溝通就到位了。」這麼做女兒就會覺得媽媽十分善解人意，「有義氣」，媽媽在女兒心中就變得更有親和力了，以後遇到情感問題還會和媽媽說。

生活中有很多孩子，別看他（她）們年紀很小，心理卻很成熟，這就需要父母和老師轉變觀念和思路，不能再用世俗的眼光去看孩子，更不能用狹隘的心理在孩子背後胡亂猜測，否則可能會出現與你期望相反的結果。每個孩子都渴望父母能理解自己，他們也都希望自己能與父母或老師坦誠溝通，所以在遇到孩子的問題，尤其是戀愛問題時，父母和老師要尊重孩子的情感，耐心交流，理智分析，幫助孩子解除青春期的困惑。

有一位父親在面對兒子與異性交往的問題時就非常智慧。這位父親有一個上中學的兒子。有一天，兒子跟父親說：「爸，我喜歡上一個女生，聰明漂亮，成績也很棒，我能跟她談戀愛嗎？」

「好啊，你喜歡她，她也喜歡你嗎？」父親輕鬆地說。

「她也喜歡我。」兒子顯得很自豪。

「那很好，你能被一個女生喜歡，說明你很了不起；你能喜歡一個女生，說明你的眼界開闊了，如果你將來想在我們這裡發展，你就繼續跟她交往下去；如果你想去市區發展，最好在市區解決這個問題；如果你想去外縣發展，就到外縣解決問題；如果你想在世界發展，你應該出國解決這個問題。」

兒子聽了說：「關於以後在哪裡發展，我還沒有考慮，那我就等等再說吧。」這位聰明的父親用幽默而又不失理性的方式，有效地疏導了孩子心中的青春情結，可以說，在哪裡發展就在哪裡戀愛，是父親給兒子的一個重要的人生忠告。

由此可見，對待青春期戀愛的孩子，與其把他們封閉起來，控制他的交往，不如敞開大門，讓孩子在廣泛交往中學會與人溝通。

談戀愛對青少年而言是正常的，家長不必把它看成大逆不道的滔天大罪，施以重壓。更不應該粗暴干預，而應該理解他們的需求，幫助孩子樹立正確的愛情觀，了解愛的真諦，以平等的姿態與他們交流自己對人生、愛情、學業的感悟。要用疏導代替禁止，要用交流代替權威。告訴他們這種純潔的感情是值得珍惜的，卻可能是無結果的；要讓孩子懂得，人的成熟不光是性的成熟，更展現在人格、精神等方面。

對於那些「談戀愛」的孩子，不是簡單地採取打罵懲罰、道德約束所能奏效的，關鍵是要順應其身心發展的規律因勢利導。就像大禹治水一樣，如果一味攔截，那麼終有一刻，洪水會氾濫成災。相反，根據水流加以有效引導，事情就會向你所期望的方向發展。可以說，對待孩子的「戀愛」，疏比堵更為有效。

因此，做父母的對孩子一定要採取民主的教育方式，及早察覺到他們的思想狀況，知道他們內心的真實想法，這樣一來，孩子「戀愛」的種子一旦萌芽，就能給予他們及時必要的疏導，這對於培養孩子開朗的個性、健全的人格是非常重要的。

同時，父母也可透過培養孩子廣泛的興趣愛好，轉移戀愛的興奮點，使孩子的精神有所寄託。教導他們社交的技巧，如鼓勵他們透過繪畫、演出等方式表達情緒與感受，鼓勵他們參加團體活動或適當的休閒活動來拓展人際關係，學會與異性合作，建立合宜的兩性朋友關係。只要曉之以理，動之以情，給予孩子切實有效的幫助，這並不是需要操心的難題。

甘地夫人法則

讓孩子勇敢面對挫折

孩子在成長過程中，既會有愉快的成功，也不可避免地會遇到各種挫折。挫折是不會以人的意志為轉移的，也不是父母時刻呵護就能避免的。要讓孩子知道，拒絕挫折，就等於拒絕成功。如果孩子在童年時期沒有面對挫折的經驗，長大以後就無法更好地戰勝挫折。

甘地夫人法則

印度前總理甘地夫人，是一位非常出色的女性。作為領袖，她對印度有著傑出的貢獻；作為媽媽，她是孩子心中最好的導師。

甘地夫人認為，生活中有幸福，也有坎坷。教育的目的就是培養孩子健全的個性，使他們以後能夠從容不迫地適應生活中的各種變化。作為母親，她必須幫助孩子平靜地接受挫折，發展自我克制的能力。

甘地夫人的兒子拉吉夫 12 歲時，因病要做一次手術。面對緊張、恐懼的拉吉夫，醫生打算說一些「手術並不痛苦，也不用害怕」等善意的謊言來安慰孩子。可是，甘地夫人卻認為，孩子已經懂事了，那樣反而不好，所以她阻止了醫生。

隨後，甘地夫人來到兒子床邊，平靜地告訴拉吉夫：「可愛的小拉吉夫，手術後你有幾天會相當痛苦，這種痛苦是誰也不能代替的，哭泣或喊叫都不能減輕痛苦，可能還會引起頭痛，所以，你必須勇敢地承受它。」

手術後，拉吉夫沒有哭，也沒有叫苦，他勇敢地忍受了這一切。

孩子在成長過程中，既會有愉快的成功，也不可避免地會遇到各種挫折。挫折是不會以人的意志為轉移的，也不是父母時刻呵護就能避免的。要讓孩子知道，拒絕挫折，就等於拒絕成功。如果孩子在童年時期沒有面對挫折的經驗，長大以後就無法更好地戰勝挫折。

教會孩子勇敢地面對挫折，不但能使孩子在今後的人生道路上可以走得更加平穩，父母也少了許多不必要的麻煩。但這種教導要從孩子還是幼兒的時候就開始，從小培養他們面對挫折的意識和勇敢承受挫折的能力。

家長作為幼兒的第一任老師，在幼兒個性的形成過程中發揮著非常重要的作用。人的一生會經歷許多痛苦和挫折，孩子經歷的第一次挫折很可能就從吃藥打針開始。

看著孩子滿臉恐懼、渾身發抖、幾近絕望的樣子，聽著他世界末日般的哀求：「媽媽，媽媽，我怕，我怕，我不想打針。」家長不免有些心疼，但這是孩子必須經歷的，也是必須獨自承受的，因為人生的坎坷會遠不止於打針吃藥！

當孩子在生活和學習中遇到困難時，家長應教育孩子克服依賴，鼓勵孩子獨立面對困難。只有當孩子充分地感受到挫折帶來的痛苦體驗時，才會激發他們考慮如何解決問題、克服困難。若這個過程經常得到強化，孩子就會在挫折情景中由被動轉為主動，從而戰勝困難。

教會孩子面對挫折、戰勝挫折，關鍵是要順其自然，順應孩子的發展規律。在生活中潛移默化地培養孩子承受挫折的能力，讓孩子明白生活有苦有樂，還給孩子生活的本來面目，讓孩子認識挫折，經歷挫折，從而學會戰勝挫折的本領。

當孩子遭遇挫折時，不要急不可待地衝上去

人生其實就是一場面對各種困難的「漫長戰役」。孩子面對失敗和挫折所表現出來的勇氣和解決問題的技巧，是他們在艱難困苦中依然能夠昂首挺胸、屹立不動的最大資本。

一家德國公司要應徵 10 名職員，經過一段時間嚴格的面試筆試，公

司從 300 多名應徵者中選出了 10 位佼佼者。

放榜這天，一個叫蕭恩的青年看見榜上沒有自己的名字，悲痛欲絕，回到家中便要跳河自殺，幸好親人及時搶救，蕭恩沒有死成。正當蕭恩悲傷之時，從公司卻傳來好消息：蕭恩的成績原是名列前茅的，只是由於電腦的錯誤導致了蕭恩的落選。蕭恩欣喜若狂。然而，德國公司卻再次拒絕了蕭恩，理由是：如此脆弱的心理，何以擔當重任。

讓孩子盡可能多地經歷困難，他們的生命才更加充沛、豐盈，才能更好地在複雜的社會中生存。人的一生中將會遇到很多困難，當孩子遇到困難不知所措時，家長應該鼓勵孩子勇於面對困難，讓孩子轉動腦筋，充分利用智慧自己去解決，而不是父母親自動手為孩子掃平道路。

無論我們的父母角色完成得如何出色，孩子在他們的成長道路上都將會不可避免地遇到許多問題、困難和挫折。對大多數父母來說，當孩子面對生活的種種挑戰時，袖手旁觀是不可能的。多年的社會經驗和對孩子的愛，會使父母常常身不由己地去幫助孩子，自然而然地去給他們保護，讓他們少犯錯，幫他們權衡利弊，以便做出較為理想的選擇，這是做父母的一種本能反應，但這種本能卻是一個錯誤。

當父母替孩子解決麻煩的時候，也便剝奪了孩子自己體驗成敗的機會，從而也縱容了孩子的依賴性，無法讓他們從生活中體驗戰勝挫折後的自信。

作為父母，我們需要懂得如何教給孩子面對挫折和失望的正確態度，以及應對挫折和失望的正確方法。此外，讓孩子參與到各種活動中，體驗生活，經歷挫折。透過親身經歷而獲得的資訊，比透過其他感官獲得的資訊在大腦皮層的痕跡要深，保持時間也長。

社會是個競爭激烈的大環境，讓孩子從小經歷一些風風雨雨的考驗和艱難困苦的磨練，方能有效地激發孩子生命的能量，使他們的自信力、創造力在危急與困難時刻發揮到極致，增長孩子競爭取勝的才幹和駕馭生活的能力。

現實生活中，許多父母並不懂得如何培養教育自己的子女，他們出於對自己子女的無限「企盼」和萬般「疼愛」，不僅不刻意地培養孩子面對挫折的能力，反而在孩子遭遇挫折的時候，急不可待地衝上去幫忙處理好。結果孩子連基本的自理能力、自立意識都缺乏，更別說從挫折中成長了。

作為一個理智、有頭腦、有見識的家長，應早一些讓孩子懂得挫折是人生正常的「待遇」，當挫折到來時，應該面對，而不是逃避，這樣，孩子便會早一些堅強起來，成熟起來，往後的人生便會少一些悲哀，多一些壯麗。

一位日本母親的「挫折教育」

有一次，一位日本母親帶著一雙兒女，到臺灣朋友家做客，女主人非常高興，熱情地招待他們，包餛飩準備午飯。一顆顆小巧玲瓏的餛飩擺放在一個大盤子裡，很誘人。這時，2 歲的日本男孩走到桌邊，順手抓起一顆生餛飩就往嘴裡塞，女主人想制止，日本母親卻說：「讓他吃，這樣他才知道生的不能吃。」小男孩咬了一口生餛飩，很快皺著眉頭吐了出來。

在送別日本友人離去的時候，日本小女孩走路不小心摔了一跤，哭著向母親求助，母親竟視若無睹，小女孩只好自己爬了起來。女主人對此很不理解，日本媽媽卻說：「讓孩子從小嘗試失敗有好處。」

在日本，像這位母親有意識地對孩子從小進行失敗教育很普遍。他們的觀念是：只有讓孩子從小嘗試失敗才能使他們日後獲得成功。

一位日本學者在談到日本母親對孩子進行「失敗教育」的必要性時，說了這樣一席話：孩子享有的幸福太多了，將來會吃不起苦，經不起挫折。對孩子進行「失敗教育」，使他們在失敗中學會生存的本領，將來才能自食其力。人的抵抗力、免疫力是一步步增強的，從無菌室裡走出來的人，往往受不了細菌的襲擊。

生活中有的孩子遇到一點困難，就會沮喪、想不開，甚至採取一些極端的行為，如離家出走甚至自殺等。所以，家長要重視對「過太順」的孩子進行一些「挫折教育」，幫助孩子樹立自信，無論順境逆途都能坦然而對。

作為家長，首先要改變原來的教養態度，讓孩子走出大人的「保護圈」，不要怕孩子摔著、碰著、餓著、累著，孩子摔倒了鼓勵他自己爬起來，對挑食、偏食、厭食的孩子，餓他一兩頓又何妨，孩子的事情讓他自己做，自己能解決的問題，如要玩具自己去拿，衣服、褲子自己穿。在家庭生活中，要安排孩子做一些力所能及的事，切不可把孩子成長過程中的困難都解決掉，把他們前進的障礙清除得乾乾淨淨。

有的父母不願看到孩子失敗，下棋、打撲克牌、遊戲、競賽時，總是想盡辦法讓孩子贏，這樣做對孩子的成長沒有好處，其實，作為家長，有時讓孩子體驗一點失敗的滋味未嘗不是好事，可藉機培養孩子克服困難的勇氣。

給孩子製造麻煩

在孩子前進的途中設定溝壑，把平坦的大道變成小道，讓孩子勇敢地踏過去，這樣，他們就會專注於腳下的路，才不至於誤入歧途。

有一對農村夫妻四十得子，因而寵愛有加，在蜜罐中成長的兒子養成了一意孤行的脾性，做事毛毛躁躁，就連走路也走不好，時常跌進水田裡，很讓望子成龍的父母焦心。

兒子 7 歲那年上了小學。頑皮的他走路喜歡東張西望，不是弄溼了鞋子，就是弄髒了褲子，哭鼻子成了家常便飯。

一天，孩子的父親帶一把鍬去兒子上學必經的田埂上，在上面斷斷續續地挖了十幾道缺口，然後用棍棒搭成一座座小橋，只有小心走上去才能通過。那天放學，兒子走在田埂上，看到面前一下子多出了這麼多的小橋，很詫異。是走過去，還是停下來哭泣？四顧無人，哭也沒有觀眾啊！最終他選擇了走過去。當背著書包的他晃徘徊悠地通過小橋時，驚出一身冷汗。他第一次沒有哭鼻子。

吃飯的時候，兒子跟爸爸講了今天走過一座座小橋的經歷，臉上滿是神氣。父親坐在一旁誇他勇敢。

妻子對丈夫的舉措有些不解，丈夫解釋道：「平坦的道上，他左顧右盼，當然走不好路；坎坷的路途，他的雙眼必須緊盯著路，所以才能走得平穩。」

故事中的兒子就是如今赫赫有名的「經營之神」松下幸之助。他的父親在他 9 歲那年因病去世，去世前他一再叮囑小松下的母親：「在孩子成長的路上，一定要設定一些他能獨自跨越的障礙，如果妳一味地提供順境給他，等長大後，一旦遭遇挫折，必然會經受不住打擊，而產生種種令人意想不到的後果。」

挖斷孩子順利前進的路，培養他們面對困難、戰勝困難的勇氣和信心，他們今後的人生就會少些失敗多些成功。

有不少家庭尤其是獨生子女家庭，父母總是怕孩子吃苦，從小對他們嬌生慣養，使孩子養成茶來伸手、飯來張口的不良習慣。有些孩子考上大學，不但要父母陪著到學校，還要父母替他們辦理各種入校手續。一些孩子離開父母後，獨立生活能力很差，不會料理自己的日常生活。有些家長還陪同孩子上學，當孩子的「保母」。更加令人擔憂的是，一些孩子不但吃不得苦，而且心理承受能力極差，經不起一點生活的考驗。

因此，每一個父母都應該懂得：克服困難，正確面對失敗、挫折是孩子人生成長的必修課。困難和挫折可以磨練人的意志，這對於孩子的健康成長有深遠的意義。因為沒有困難的存在，或不敢迎接困難的挑戰，孩子就不可能形成堅強的意志，而意志薄弱的孩子將很難成材。

人們常說：「困難像彈簧，你弱它就強。」父母應鼓勵孩子面對困難、不怕困難、克服困難，做生活的強者。有位教育家說過：如果孩子的生命是一把披荊斬棘的刀，那麼挫折就是一塊不可缺少的「砥石」，為了使孩子生命的「刀」更鋒利些，應該堅決擺脫「過分保護」的教育方式。

兒子遇難，船王責無旁貸

經歷過挫折也就得到一定的經驗教訓，而這些教訓是父母給不了的，只能靠孩子自己在實踐中體會。所以父母要慷慨地讓孩子經歷挫折，給予他們實踐的機會，給予他們失敗的機會，給予他們得到教訓的機會。

有個號稱船王的船長，他的駕駛技術非常高超，每次遠航時都能準時歸來，即使多次在大海上遭遇肆虐的颱風，也能夠平安逃生。在與大海和颱風搏鬥的經歷中，船長的駕船技術日趨完善。周圍常年航行的人都沒有到過遙遠的非洲島嶼，但是，船長卻可以輕鬆自在地往來其間。

時光荏苒，船王的兒子已長大成人。自打兒子懂事起，船王就把他帶在身邊，手把手傳授兒子駕船技術，並把自己大半生的航行經驗悉數教給他，比如如何對付海中的暗流、如何辨識颱風前兆、如何採取應急措施等。

兒子很聰明，沒多久他就掌握了扎實的駕駛技能，而且也學到了怎樣辨識颱風前兆及應急知識。看到兒子有了豐富的經驗，船王很放心地讓他一個人駕船出海了。

但讓所有人都沒想到的是，船王的兒子在航行中遇到一次中級風浪而葬身海底，據說那次風浪是漁民們經常遇到的，並不可怕，只要措施得當，完全可以躲開。

面對兒子的死亡，傷心悲痛之餘，船王怎麼也想不明白，自己曾遭遇過無數次的颱風，甚至颶風都能安然無恙，兒子又得到了自己所有的出海經驗和駕船技術，他絕對不比其他任何漁民的駕駛技術差。可是，兒子居然在一場中級風浪中喪了生，究竟是怎麼回事？問題出在了哪裡呢？

周圍的漁民得知消息後紛紛來安慰他。這時，有一位老人問船王：「你一直手把手地教他嗎？」

「是的，為了能讓他學到更豐富的駕駛技術，我教得非常認真。」

「他以前出海，你是不是都一直跟著？」老人又問。

「是的，那樣我能傳授他更多經驗。」

老人說：「看來，這其中更多的是你的過錯啊！」船王頓時迷惑不解。

「很明顯，」老人解釋說，「你只能傳授他經驗，卻不能傳授他教訓。對於任何經驗來說，沒有教訓作為根基，經驗只會是紙上談兵，而很多現實情況下，教訓所帶來的意義遠遠要大於經驗本身。」老人頓了頓，又說：「也就是說，教訓比經驗更重要啊！」

知識或技能的掌握常常需要經驗和教訓相結合，需要成功和挫折相切磋。父母教給孩子經驗後，應該讓孩子及時去實踐。如果成功了，那他領會到父母教導的正確，而且父母的正確教導也會真正植入他的內心。如果失敗了，他會恍然大悟：原來他們說的是對的。或者他會發現父母所講的並不一定是適合自己的。無論哪一種情況，他都不會在同樣的問題上犯相同的錯誤，也就是說一個人只有經歷過失敗才能避免更大的失敗。

對孩子的教育，讓他們在自己的經歷中得到教訓，往往比父母傳授的正面的經驗更加深刻。教訓的意義不僅在於指明行不通的錯誤路徑，更在於能讓人深刻體會到正確的價值。孩子可以透過體會失敗的痛苦，在失敗中磨礪自己堅韌的秉性，從而使挫折轉化為自己成長的財富。

心理學家馬斯洛說過，挫折未必總是壞的，關鍵在於對待挫折的態度上，同樣的挫折既可以產生消極的情緒，甚至心理障礙，也可以磨練他的意志使他奮發向上。

困難、失敗、挫折，沒有人喜歡，但它是客觀存在的，對於成長中的孩子來說，它又是一筆難得的財富，它是天才的墊腳石、磨刀石，是成才的沃土。古今中外，凡成就大事業、大學問者，都與受過磨難有內在的連繫。正所謂，自古英雄多磨難，苦難造就天才。

孩子對周圍的人和事物的態度常常是不穩定的，易受情緒等因素的影響，在碰到困難和失敗時，他們往往會產生消極情緒，不能以正確的態度對待失敗和挫折。這時，家長要及時告訴孩子，「失敗並不可怕，你要勇敢，你一定會做得好的」、「從失敗中吸取教訓，看一看下次怎樣做」等等。家長要有意識地將孩子的失敗作為教育的契機，引導孩子重新鼓起勇氣大膽自信地再次嘗試，同時，還應讓孩子明白人人都可能遇到困難和挫折，而困難和挫折是可以克服的，教育孩子勇於面對困難和挫折，樹立戰勝困難和挫折的勇氣和自信心，提高他們克服困難和抗挫折的能力。

真愛法則

教育的真諦是愛

愛，並不是孩子要什麼就給他什麼，也不是給他多少錢滿足他的物質需求，而是給孩子一種精神上的溫暖和鼓勵，讓他明白父母的苦心和期望，從而改變自己不良的行為狀態。

眞愛法則

布萊恩有一個嗜酒如命的單身母親，在他很小的時候，就習慣自己準備好書包上學了。每次放學回到家裡，他都發現自己的媽媽又喝醉了。在這種環境下成長的小布萊恩整日神情憂鬱，不愛說話，明顯缺少其他小朋友那種活潑向上的朝氣。在上小學一年級的時候，布萊恩被診斷出患有注意力不集中症和中度語言障礙。

那麼，在缺少家庭溫暖的情況下，是什麼驅使他去上學的呢？布萊恩說：「好像每年都會有至少一個老師誇我的作業。因為他們，我才堅持著做我的作業。在結束小學的課程後，我上了一所中學，但我幾乎已經失去了繼續讀書的動力，就在這時，我的中學校長知道了我的情況，他照顧我、關心我。每次逃學，他總會把我叫到辦公室去談話，好像老爸一樣。因為他，我才順利從中學畢業並考上了一家規模大一點的高中。」

布萊恩進入高中後，再也沒有人像以前的校長那樣關心他愛護他了。布萊恩又回到了先前沒有人管教的生活，他開始不斷地蹺課，不久，他被學校處以留校察看的處分。

布萊恩的高中生涯大部分時間是和一群比他年齡大一點的小混混們度過的。後來，布萊恩參與了一起群毆事件，其中一個少年被打成重傷。此後，布萊恩被帶進了少年感化院，那年他剛滿 14 歲。

在感化院，布萊恩遇到了一個慈愛的老師。在這位管教老師的關懷和教育下，布萊恩重新點燃了對讀書的興趣。在他獲釋之後，布萊恩被保送到一所中等學校完成了高中學業，後來他又順利考上了一所藝術學院並獲得了全額獎學金，讀書期間因參加全美大學生藝術創作大賽榮獲一等獎而聞名全國。畢業後，布萊恩設計的一件藝術品被華盛頓藝術博物館永久收藏。

美國「兒童問題」專家、教育學家威廉・高德法（William Goldfarb）將布萊恩的成才歸功於「真愛法則」。他說：「愛，是一個孩子向前的全部力量，教育的祕訣就是愛，教育的捷徑就是愛之路。很多家長老師對調皮搗蛋的孩子進行教育後看到沒有任何效果，就認為這些孩子無藥可救了，於是家長老師也就失去了耐心，放任自流，結果只能使孩子流浪在犯罪的邊緣。」

身為家長和老師，要從內心接受孩子調皮搗蛋的行為，傾注全部的愛去澆灌他們幼小的心靈，給予他們無微不至的細心呵護，並時時警惕他們在道德品行上可能出現的偏差，就能將「問題孩子」教育成「聞名孩子」。威廉・高德法認為：「教育孩子最重要的，是要把孩子當成與自己人格平等的人，給予他們無限的關愛。」

有愛就有奇蹟

每一個孩子都是可以塑造的，只要我們多點耐心，讓愛成為孩子堅持下去的力量，即便是頑石也會被塑造出各種美幻的形象。

一位母親帶著 10 歲的兒子多洛在一片草地上玩耍。多洛正用一支做得很粗糙的彈弓打一個立在地上，離他有七八公尺遠的玻璃瓶。多洛打出去的彈丸忽高忽低，忽左忽右，有時竟把彈丸打偏一公尺！這簡直是同齡孩子中彈弓打得最差的孩子。

多洛的母親坐在草地上，不斷從一堆石子中撿起一顆，輕輕遞到孩子手中，她微笑著說：「嗨，多洛，你真棒！差一點就擊中目標了。」母親的話語流露出關愛和鼓勵。

多洛打得很認真，他屏住氣，對著目標瞄了很久。相信每個人見到多洛的瞄準都會認為這次一定又是打不中，果然不出所料，彈丸落下的地方離目標瓶子的距離實在相差太遠。

但多洛還是不停地瞄準、不停地射擊，母親也很有節奏地遞石子給兒子，並不停地鼓勵他：「很好，多洛，再努力一下你就能擊中瓶子了。」多洛得到母親的鼓勵後更加充滿了信心。

一位路過的年輕人看到這種情形感到很有趣，於是走上前去對多洛的母親說：「讓我教他怎樣打好嗎？」

「啊，謝謝，不用了！」多洛的母親對年輕人笑了笑，然後看著孩子，輕輕地說，「他看不見。」

年輕人愣住了。「可是他……怎麼能打中呢？」「我告訴他，總會打中的。」母親平靜地說，「關鍵是他做了沒有。」

正在說話間，一聲清脆的瓶子碎裂聲從不遠處傳來，多洛興奮地叫道：「我成功囉，我成功囉！」

要讓一個生理不健全的孩子健康成長，父母需要付出極大的心血。而作為身障兒童的父母，最重要的是要擁有一顆平常心，要對孩子有耐心和信心。哪怕天下所有的人都不看好孩子的未來，做父母的也要眼含熱淚地耐心鼓勵他、欣賞他、讚美他。世界上沒有種不好的莊稼，只有種不好莊稼的人。同樣，世界上也沒有教不好的孩子，只有不懂得教育的家長和老師。

故事中的母親讓自己雙目失明的孩子玩正常孩子所玩的遊戲，耐心地遮石子，面對孩子一次次的失敗毫不氣餒，堅信他一定能成功。孩子最後能夠成功地擊中玻璃瓶，離不開母親的耐心鼓勵。鼓勵就是一種愛，雖然孩子並不知道這其中蘊藏著什麼樣的能量，但他相信：「只要做了，就有可能擊中。」事實就是這樣，奇蹟往往伴隨著愛才能夠出現。

父母忽略的最重要一點

蘇聯教育家蘇霍姆林斯基說得好：「要善於愛孩子，教育的真諦是愛，愛的真諦就是給予孩子精神上的溫暖、關懷、鼓勵和幫助，而不是其他任何東西。」吉娜在孩子上中學的時候到英國去了，把孩子留在了美國，每個月她都要寄一大筆生活費用給孩子，結果才去不久，孩子的功課就開始退步，也慢慢變得沉默寡言，每天都好像心事很沉重的樣子。後來，孩子好不容易考上了一所大學，卻又沒心思好好念，整日和一群狐朋狗友東遊西蕩，沒過多久就被學校記滿三次大過，受到了勒令退學的處分。吉娜這才覺得事態嚴重，慌了手腳，急急忙忙地從英國趕回來。

面對現實，吉娜束手無策：「該怎麼辦呢？」吉娜向一位教育專家徵詢意見。

「現在唯一的辦法就是給孩子充分的關懷，用愛鼓勵他振作起來，幫他找到讀書的樂趣。」教育專家說，「當他最需要愛的時候，妳沒有及時給予，現在他已經長大了，有自己的想法了，更何況長期在外面遊蕩，已經變成他的一種習慣，因此，要想改變他，必須要用父母的關愛來滋潤孩子幾近荒蕪的心靈，使之復甦。」

吉娜疑惑地說：「我也很愛孩子啊，每月都寄足夠的生活費給他，要什麼就給他什麼，讓他衣食無憂，誰想到他這麼不爭氣。」

「愛，並不是孩子要什麼就給他什麼，也不是給他多少錢滿足他的物質需求，而是給孩子一種精神上的溫暖和鼓勵，讓他明白父母的苦心和期望，從而改變自己目前的行為狀態。」教育專家最後說。

很多父母在有意無意之間都誤解或錯用了愛，就像吉娜說的，孩子「要什麼就給他什麼」，孩子要買東西父母趕忙給他錢，難道說還不愛他嗎？

錯！這不是愛，這只是滿足他一時的物質享受而已，怎麼算得上是愛呢！真正的愛應該是去關懷他、幫助他、引導他，讓他感受到親情的溫暖，這些不是金錢所能替代得了的！哲學家盧梭說過：「不要對孩子百依百順，那樣會使孩子成為不幸的人。」

孩子的成長需要父母的呵護和關愛，但愛孩子並不是肆意寵愛，讓他想做什麼就做什麼。對於正在成長的孩子，很多時候，和父母進行情感上的交流遠遠勝過物質上的需求，尤其是處在生理發育期的孩子，他們有太多的迷惑、欲望、興奮、悲傷等情緒需要一個可信賴的傾吐對象，而父母無疑是最佳的人選。孩子的盡情宣洩能夠使他們的精神情感得到慰藉。譬如孩子在讀書、生活的過程中，發現了一件對他來說很不尋常的事，像幫助同學解決了課業上遇到的難題，內心感到高興愉快，或者第一次目睹了一起小車禍，或者在他周圍發生了一件新鮮事等，他會很急切地想回家告訴父母，但是，當踏進家門時，父母卻不在，整個家空空蕩蕩的，第一盆冷水已經澆在頭上了，他會覺得若有所失，如果父母長期不在家，你能讓他向誰去講？

孩子的感情得不到宣洩，怎麼辦呢？他必須找朋友、找同學發洩！危機就出現在這時候——如果他的同學和他一樣沒有正確地看待問題或者情形也跟他一樣，沒有地方宣洩內心的情感，他們會不會去酗酒、抽菸、玩遊戲、交女朋友呢？再下去就有可能產生社會問題了。

有很多父母在孩子滋事、打架、被學校記過，甚至留校察看、勒令退學時，常常凶惡地責備孩子：「你怎麼那麼沒出息」、「你看別人家孩子有多好」、「人家用功讀書，你卻每天鬼混，科科都不及格」、「爸媽哪一點不愛你，你要什麼我給你什麼，你還要怎麼樣？」

可是，這類父母卻沒有自我反省：當孩子最需要愛的時候，自己是怎麼做的呢？你深入了解過孩子的情感世界嗎？你給過孩子心靈的慰藉嗎？金錢、物質能彌補孩子精神上的空虛嗎？很多家長認為：天下無不是的父母。在他們的眼裡只有父母的尊嚴，孩子的不對等一切責任都歸於孩子的頑固，但就是忽略了最重要的一點 —— 是否耐心地深入細緻地與孩子進行過情感上的對話。

20美元的價值

孩子加入社會共同體的時間是在其生活的最早期。如果一種積極的親子關係在孩子的成長過程中能夠建立起來，那麼，在他們長大後就能夠建立起良好的道德意識，知道積極地愛護、幫助周圍的人。

一天，凱普下班回到家已經很晚了，他很累，並且為工作上的事情有點心煩。打開門，凱普發現 5 歲的兒子吉米孤獨地靠在門旁等他。

「爸爸，」小吉米說道，「我能問你一個問題嗎？」

「什麼問題？」

「你一小時可以賺多少錢，爸爸？」

「這與你無關，你為什麼問這個問題？」父親生氣地問。

「我只是想知道，請告訴我，你一小時賺多少錢？」吉米追問。

「假如你一定要知道的話，我一小時賺 20 美元。」父親說。

「哦，」吉米低下了頭，接著又說，「爸爸，可以借我 10 美元嗎？」

父親發怒了：「如果你借錢只是要去買毫無意義的玩具的話，給我回到你的房間，上床睡覺……」

吉米看到父親凶巴巴的樣子只好安靜地回到自己的房間。

凱普平靜下來後，想到自己可能對孩子太凶了 —— 或許孩子真的很想買什麼東西，再說他平時很少要過錢。

凱普走進吉米的房間：「你睡著了嗎，孩子？」

「還沒有，爸爸，我醒著呢。」吉米回答。

「爸爸剛才可能對你太凶了，」凱普說，「爸爸向你道歉，這是你要的 10 美元。」

「謝謝你，爸爸。」吉米歡叫著接過錢並從枕頭下拿出一些被弄皺的鈔票，慢慢地數著。

「為什麼你已經有錢了還要？」凱普又有些生氣地問。

「因為之前不夠，但現在已經足夠了。」吉米回答，「爸爸，我現在有 20 美元了，我可以向你買一個小時的時間嗎？明天請早一點回家，我想和你一起吃晚餐。」

兒子的話擊中了凱普心中最柔軟的部分，他發現對兒子的關心實在太少了。從此以後，凱普開始注意與兒子吉米心靈上的交流，每天早早地下班回家陪伴孩子，他們之間的關係也更加親近、和諧，吉米的精神世界也豐富多彩起來。看到兒子歡快地成長，凱普感到 20 美元永遠是他心中最昂貴的寶藏。

良好的親子關係是以愛為基礎的，愛孩子就不要讓他的內心感到孤獨。但不可避免地，在現代快節奏和生活、工作的壓力下，一些家長對孩子成長過程的關心不夠，他們一心為了追求事業的完美而忽略了孩子內心的需求。久而久之，在缺少父母關愛的家庭中成長的孩子就會產生許多心理疾病，如膽怯、不善交流、害怕見陌生人等，而且還會有一種疏遠感橫亙在父母和孩子之間，阻礙孩子正常、健康成長。

小小「打工仔」

父母對待孩子不應當過分無條件地奉獻，應當讓孩子明白，家庭也需要讓孩子做些什麼。這種意識先是從培養孩子尊重父母的勞動，懂得回報父母的愛開始，而不是讓父母的愛「有去無回」。讓孩子做一些社會工作，從事一些簡單的勞動，從而培養孩子的社會價值觀和使命感，這也是對孩子心靈的一種滋養。

茱麗葉和安德魯夫婦是一對在讀博士夫妻，在攻讀博士學位前他們已經有了一個 8 歲的兒子魯克。魯克聰明伶俐，唯一的「毛病」就是喜歡吃零食。在他還不滿 3 歲的時候，就知道拉著爸爸媽媽到不遠處的小商店買東西。

每次遭到爸爸媽媽的拒絕，小魯克就哭鬧不止，大有不達目的誓不罷休的勢頭，茱麗葉和安德魯夫婦縱然是滿腹經綸也奈何不得 3 歲小兒。有一次，小魯克又要讓爸爸買糖果給他，爸爸說：「親愛的魯克，爸爸可以答應你的要求，但是你也要答應爸爸一個條件。」

「什麼條件？」小魯克滿臉疑惑。

「你現在買糖果的錢和你在幼稚園上學的錢都是屬於爸爸媽媽的，你每花費一分錢爸爸都會記在一個小本子上，等你長大後也要還給我們，供爸爸媽媽上學。」爸爸說。

小魯克似懂非懂地答應了。從此，魯克每花費一分錢爸爸就提醒他一次「這些錢以後你要還給我們」。6 歲的時候，小魯克已經不再亂花錢了，他的小腦袋裡除了功課外，已經開始思索怎樣才能依靠自己的力量賺錢，將來供爸爸媽媽讀書了。

轉眼間，小魯克 8 歲了，茱麗葉和安德魯夫婦開始攻讀博士學位。隨著年齡的增長，小魯克的思維也開闊起來，有一天，他忽然想起老師曾經說過「小孩子到了能使用簡單的勞動工具後，就可以找尋打零工的機會了，諸如幫社區鄰居的花園除草、送報紙、剷除車道上的積雪等」。魯克想到這裡興奮不已，因為這裡剛剛下過一場大雪，而且他已經會使用鐵鍬了。

第二天一早，小魯克就按響了一對老夫婦家的門鈴。

老太太打開門後，發現門口站著一個八九歲的小男孩。

「妳好，」小男孩說，「我叫魯克，我來幫你們剷雪好嗎？」

「你起得真早，怎麼在這附近沒有見過你？」老太太說。

魯克很有禮貌地回答道：「我是新來的，我家搬到這個社區才只有一週。這麼早就過來，會不會打擾到你們？」

老太太親切地說：「不會！我們也是很早就起來了……」說著，對著屋內喊道，「親愛的！我們的車道剷雪工作，就決定交給這位小紳士囉！」

「你年紀這麼小，就這麼積極地工作，將來長大一定很有成就。」老太太說，「你怎麼利用自己賺來的錢？是要把他們存起來？還是拿去買糖果吃個痛快？」

小魯克興奮地說道：「我賺錢不是要買糖果用的。我爸媽都還在讀大學，我賺的錢，先贊助他們繳學費！等我將來長大，他們答應也會幫助我讀大學。」

小魯克工作結束後得到了 10 美元報酬。

孩子的愛要靠學習和指導來開發。在孩子享受被愛的同時，要教會他奉獻自己的愛心，即以同樣的愛回報父母，形成健康、完整的愛之流。只有讓孩子由被愛向施愛轉化，使孩子在父母之愛的薰陶下，由感激父母、牽掛父母，到想為父母做事、回愛父母，才能形成健康、熱情、親密、和諧的親子關係。孩子在愛與被愛的環境中成長，才能形成良好的人格，成為孝敬父母、尊重他人、富有同情心、善於幫助別人的人。

然而，通常情況下，父母往往富有自我犧牲的精神，對孩子的愛只知道給予，不講回報，不培養孩子施愛的能力，願意把自己的一切都獻給孩子，這種境界固然高尚，但不是一種正確的家教方法，甚至是一種誤導，其結果常常會事與願違，適得其反，因為這種單向的愛會造成孩子情感畸形。久而久之，孩子就習慣於父母關心自己，不知道自己應該關心父母，更不知道關心別人，唯我獨尊，成為名副其實的「小皇帝」。

很多時候，不求回報的愛非但沒能使孩子朝著父母們所希望的方向發展，反而使孩子養成了許多諸如好吃懶做、只知索取不知奉獻等不良習氣，缺少價值觀和責任感。這不僅不是愛，反而會害了孩子，因為沒有價值觀和責任感的孩子，長大後往往找不到自己在社會中的地位，看不到自己的價值，從而產生精神上的迷茫和無所適從，他們容易失去上進的動力，也容易為一些物質性的輕浮事物而吸引並沉溺其中。因此，在光怪陸離的社會裡，從小就培養孩子正確的價值觀和責任感才是真正愛孩子的表現。

馬太效應

讓孩子的自信心成長壯大

「凡是有的，還要加給他，叫他有餘；沒有的，連他所有的也要奪過來。」一個人的自信就像一株植物，它會生根成長、開花結果，也會枯萎凋謝。一個孩子只要有了信心，就會對學習產生勝任的感覺，從而喜歡上學習，而一旦獲得成功、得到鼓勵，就會不斷鞭策自己取得更大的成功。

馬太效應

《聖經》中有這樣一個故事：

一位富人將要遠行去國外，臨走之前，他將僕人們叫到一起並把財產委託給他們保管。主人根據每個人的才幹，給了第一個僕人 5 個塔倫特（注：古羅馬貨幣單位），第二個僕人 2 個塔倫特，第三個僕人 1 個塔倫特。

拿到 5 個塔倫特的僕人把它用於經商，並且賺到了 5 個塔倫特；同樣，拿到 2 個塔倫特的僕人也賺到了 2 個塔倫特；但拿到 1 個塔倫特的僕人卻把主人的錢埋到了土裡。

過了很長一段時間，主人回來了。拿到 5 個塔倫特的僕人帶著另外 5 個塔倫來見主人，他對自己的主人說：「主人，你交給我 5 個塔倫特，請看，我又賺了 5 個。」

「做得好！你是一個對很多事情充滿自信的人。我會讓你掌管更多的事情。現在就去享受你的土地吧。」

同樣，拿到 2 個塔倫特的僕人帶著他另外 2 個塔倫特來了，他對主人說：「主人，你交給我 2 個塔倫特，請看，我又賺了 2 個。」

主人說：「做得好！你是一個對一些事情充滿自信的人。我會讓你掌管很多事情。現在就去享受你的土地吧。」

最後，拿到 1 個塔倫特的僕人來了，他說：「主人，我知道你想成為一個強人，收穫沒有播種的土地。我很害怕，於是就把錢埋在了地下。看那裡，埋著你的錢。」

主人斥責他說：「又懶又缺德的傢伙，你既然知道我想收穫沒有播種的土地，那麼你就應該把錢存在銀行，等我回來後連本帶利還給我。」說著轉身對其他僕人說：「奪下他的 1 個塔倫特，交給那個賺了 5 個塔倫特的人。」

「可是他已經擁有 10 個塔倫特了。」

「凡是有的，還要給他，使他富足；但凡沒有的，連他所有的，也要奪去。」這個故事出於《新約．馬太福音》，1960 年代，美國知名社會學家羅伯特．莫頓首次將這種現象歸納為「馬太效應」。

馬太效應說明了這樣一種事實的存在：任何個體、群體或地區，一旦在某一方面（如金錢、名譽、地位等）獲得成功和進步，產生累積優勢，就有更多的機會取得更大的成功和進步。

表現在兒童自信心的培養上，越有自信心的孩子，就越能受到來自各方面的鼓勵和幫助，取得更多的好成績，而這些好成績又會進一步刺激孩子自信成長，從而進入良性循環。望子成龍的家長們應該充分利用這一效應，給孩子更多的鼓勵，讓孩子的自信在鼓勵中成長壯大。

自信需要嘗試

大教育家葉聖陶說：「每個孩子都有好奇心，好奇心驅使孩子們做這做那，努力在嘗試中發現自己的長處和能力，他們像一隻隻搖搖晃晃的可愛的小鴨子，跟在媽媽的身後，媽媽做什麼，他就去做什麼。」但是，生活中大多數母親總是顯得不夠耐心，常常在無意中向他們潑冷水，以至於「冷凍」了孩子的求知欲。

有一次，3 歲的彼得正在學著自己穿鞋。「來，彼得，你穿得太慢了，媽媽幫你穿。」媽媽抱過彼得，三下兩下繫好鞋帶。面對媽媽熟練的技巧，彼得感到自己很笨拙。他灰心了，伸出腳讓媽媽幫他把鞋穿上。

4 歲的時候，彼得小心翼翼地拿起水壺，想要幫助媽媽給花草澆水。「彼得，別動。」媽媽喊道，「小心把水灑到身上，你還小呢，讓媽媽做吧。」

彼得要幫媽媽收拾桌子，媽媽嚇壞了，趕緊奪過碗碟：「小寶貝，你會把碟子摔碎的，還會劃破手。」為了不使碟子破碎，彼得再一次喪失了學習的機會。面對媽媽一次又一次的拒絕與否定，彼得的自信心完全破碎了。

當孩子自己穿衣服的時候，媽媽說：「穿錯了，穿反了。」當孩子自己吃飯時，媽媽說：「看你把衣服弄得多髒」，然後把湯匙拿過來，餵他吃。就這樣，媽媽讓孩子們看清楚了自己是多麼的不行，媽媽是多麼的能幹。如果他們不高興，不肯張口吃飯，堅持要自己吃，媽媽還會大發脾氣。媽媽認為孩子們弱小，懷疑他們的能力。媽媽並不知道自己做的這些事打擊了孩子們學習的積極性。

其實，放手讓孩子自己去做，第一次有可能做不好，以後就會做得又快又好。到時再表揚幾句，孩子會認為自己又學會了一技之長，以後處理其他事會很有信心。如果大人凡事都不讓孩子動手，無形中就抑制了孩子做事的欲望，更嚴重的是打擊了孩子的自信，使孩子認為自己是多麼渺小，從而降低了孩子對自我能力的評估。

孩子們有天生的主動性，他們很小就認為自己能做一些事情，所以每個父母都應該明白，4 歲的孩子是可以替花澆水的，就是把衣服弄溼了、弄髒了又有什麼關係？孩子們一旦能夠辨識各種花，並且看到澆過水的花更加美麗，他會充滿自豪感，引起更多的興趣去探索這個世界。我們應該給他們機會。

父母一心想讓自己的孩子成為最出色的青年，不惜花錢讓他們去上各種才藝班，提高能力，但在日常生活中卻又不允許孩子們用不同的方法去發現自己的潛力，而是懷疑他們的潛力，限制他們的發展。父母相信孩子長大後能夠做成事的，而且還要做大事，但現在還小，所以不需著急。

但多數父母忘記了從孩子出生後，就急切地盼望孩子能跟自己笑一笑，揮一揮手，不厭其煩地教他們喊媽媽爸爸的行為，就是在鼓勵他們學習、行動。那時候每個父母都很有耐心，因為這裡面有娛樂成分，而且說說笑笑也不會給大人帶來麻煩和干擾。一旦孩子的行動給父母帶來麻煩和干擾，他們就會阻止孩子，等到明天再要求他們做事。

如果彼得總是跟著媽媽身後叫著「我要澆花」、「我要打蛋」、「我要洗盤子」、「我要打掃屋子」，而媽媽永遠回答：「寶貝，你太小了，去玩玩具吧，去看電視去吧。」這樣的話，彼得永遠也無法學會做這些事情，他永遠都是那麼沒有自信，因為他的自信從來就沒有成長過、鍛鍊過，沒有成功的經驗，何談充足的自信？

自信需要呵護

有一位從事兒童心理研究的專家對學齡前兒童做過一項調查，讓他們說出自己的優缺點。結果，孩子們多數只說自己的缺點，而忽略了優點，令這位專家的心情十分沉重。孩子們天真、活潑的自信心到哪裡去了呢？

初生之犢不畏虎。這說明孩子在人生剛開始的時候，對於任何事情都有十足的自信心與良好的願望，當他們自然地表現出來時，需要老師與家長，甚至全社會以賞識的心態與目光去對待、去扶持。只有這樣，孩子們才會對自己的現在與未來充滿信心。

相反，如果老師與家長只是簡單地敷衍孩子，甚至無理、病態地去嘲諷他們，孩子的自信心就會受到打擊，有可能就此變得自卑、壓抑，從此甘居人後，凡事不思進取。

大發明家愛迪生一生中有 1,000 多種發明，他的創造發明便是從幼年坐在雞蛋上模仿母雞孵小雞開始的。當他的母親發現孩子這種特殊的興趣時，沒有諷刺、挖苦與打擊，而是加以精心呵護與鼓勵。母親的寬容、理解與支持終於使愛迪生在健康的環境中成長起來，最終成為偉大的發明家。

可見，自信心是孩子對事物產生興趣的基礎，我們的老師與家長應該充分理解孩子求知的心理。雖然，孩子的自信心有時顯得天真、幼稚，甚至奇特、不可思議。但這些正是孩子以自己的獨特的方式增長知識、加深閱歷、開發智力的有效途徑，對其一生都有重要的影響。

成功的教育就像無影燈一樣，不會給學生帶來心靈上的任何陰影，反而會滿足他們自我實現的需求，產生良好的情緒體驗，成為不斷進取的加油站。當學生取得成功後，因成功而釀造的自信心對其新成績的取得會產生進一步的推動作用。隨著新成績的取得，心理因素再次得到優化，從而形成了一個不斷發展的良性循環，進而讓學生不斷獲得成功。

一位母親記敘了她培育孩子成長的經歷：這個孩子出生時太小、太醜、太瘦弱了，猶如一個小澀柿子，只長著一個大鼻子；1 歲多了還不會叫「爸爸」、「媽媽」，快 4 歲了還沒長出眉毛，7 歲了還「蹲」在幼稚園大班裡……所以，當初父母對他並沒抱多高的期望，只求他能平安、健康、快樂地成長。

後來媽媽發現，自己的兒子並不傻：他說出的第一句話，是回答人家的問題，說自己「笨」—— 這說明他不但能聽懂人家的問話，而且還能模仿媽媽的話來答覆；三四歲時，他給自己設定的未來，竟然是要當地球的「球長」；還沒上小學，他就能夠背出上百首唐詩，能夠隨電視節目說出一長串標準的英語，雖然他根本不知道那是什麼意思；玩的時候，他可以用筷子當指揮棒、用摺扇當小提琴、用紅蘿蔔當話筒，在陽臺上向樓下的小朋友開演唱會。

也許，在別人看來，這些都不過是小孩子的小玩鬧，然而，在他母親眼裡，這就是特長，這就是希望。看到希望的母親，耐心而又及時地引導、激發孩子的潛能，終於使他走上了成才的道路。

自信需要張揚

孩子需要張揚。人一旦被人發現，就發現了自己。孩子在成長中特別需要「發現」。尤其是對自我還不甚了解的孩子，格外需要有人去欣賞。孩子需要張揚，不要怕孩子驕傲，他張揚的時候就會把個性表現出來，這時候家長與老師要對他說：「孩子，你真棒！」

在自己的努力下，傑克的考試成績取得了長足進步，老師很高興，大大地表揚傑克一番，同學們也很羨慕，紛紛向他行注目禮。爸爸媽媽當然更是興奮，特地買給傑克他心儀已久的玩具車作為獎勵。

正當傑克情緒高漲，準備著進一步努力時，老師突然在他的期末評語上寫下了「戒驕戒躁」四個字，這讓傑克渾身打了一個冷戰。隨之而來的爸爸媽媽看過評語後嚴厲的責備，更讓他像被潑了一盆冷水。同學們看他的目光似乎也有了另一種內涵。

在之後的考試中，傑克的成績開始一落千丈，老師如同撿到了一個「驕傲使人落後」的範例，在班上廣為傳播，以儆效尤。家長也歸咎於孩子的沾沾自喜，乃至動用扣發零用錢的懲罰。從此，傑克萎靡不振，再也沒有取得很好的成績。

世界級心理大師威廉．詹姆斯說：「孩子對自己的自信需要一個很好的表達空間，有時，我們會覺得這是一種驕傲，但事實不是那樣，它是一種自信的表現，一種慶賀自己的表達方式。」

有個小男孩頭戴球帽，手拿球棒與棒球，全副武裝地走到自家後院。「我是世上最偉大的打擊手。」他滿懷自信地說完後，便將球往空中一扔，然後用力揮棒，但卻沒打中。他毫不氣餒，繼續將球拾起，又往空中一扔，然後大喊一聲：「我是最厲害的打擊手。」他再次揮棒，可惜仍是落空。他愣了半晌，然後仔仔細細地將球棒與棒球檢查了一番。之後他又試了三次，這次他仍告訴自己：「我是最傑出的打擊手。」然而他這一次的嘗試還是揮棒落空。

「哇！」他突然跳了起來，「我真是一流的投手。」

多麼可愛的小男孩！不，多麼自信的小男子漢！在欣賞小男孩的可愛的同時，讓人也不禁暗想：如果這些話都是出自我們的老師和爸爸媽媽們之口該多好！

曾經有位幼稚園大班的老師在課堂上問：「你們認為誰在班上長得最好看？」話音剛落，一時間課堂上的空氣十分活躍，孩子們爭先恐後地站起來，都說自己是班級裡最漂亮的。可是就在這時，老師向這群自信、可愛的孩子潑去一盆冷水，「還真有你們這樣臉皮厚的孩子，竟認為自己長得最好看，丟不丟臉呀？」其實，類似於這種打擊孩子積極性的例子，在校園與生活中並不少見。

孩子進步了，受到師生褒獎，未必就會驕傲自滿，興許是一種油然而生的自豪與自信。自信並不會讓人變得夜郎自大。事實上，不是所有的人、所有的事都可以給人自信的，自信必須要有「資本」，這「資本」就是強項、長處、優勢等過人之處。孩子為了保持這個「資本」，就得不斷努力，不斷有所進步，不斷開拓創新，不斷搶占上風。從這個意義上說，自信是一種動力，它不但不會使人落後，反而會使人進步。

自信需要暗示

每一個孩子都能成為非凡的人，一個孩子能不能成為天才，關鍵是他的父母和老師對他有沒有信心。信心是能夠傳遞的，只有家長和老師對孩子有了信心，孩子對自己才會有信心。

小珍妮就是一個很有自信的孩子。珍妮剛上中學的時候，學校有一個特別試驗班，能在這個班級裡讀書的孩子數學程度都很好。珍妮很想進入這個班級裡，與其他人不同的是，她的數學基礎不是很好，所以她面臨很大的壓力。

細心的媽媽看在眼裡，就勸她不要去什麼特別班了。可是珍妮卻不同意，她說：「我相信自己的能力，我一定能進入這個班級的。」

這之後，珍妮用數倍於別人的努力去讀書。第一學期堅持下來，她的各科成績都獲得優秀，並順利地通過了特殊班的測試，圓了自己的夢想。

自信的人並不是沒有壓力，不是盲目地自以為是，而是面對壓力知己知彼，從容對待。剛剛進入中學，學校裡開展了一系列的拓展訓練：站在一個 7 米高的木板上，從一塊木板跨到另一塊木板。珍妮起初很害怕，她去問教練：「兩個板之間的距離有多遠？」教練說大概是 100 ～ 130 公分吧！珍妮偷著跑到旁邊，在平地試了一下，發現自己用力跨出去，能跨出 156 公分，她心裡有數了，完成了「知彼」。她又想：上去就當在平地，掉下來也有防護設施，只不過難看點而已，於是，她又完成了「知己」。結果，她一次成功。

這件事情讓珍妮大受啟發：只要做到知己知彼，就有成功的把握。讀書也是一樣的道理。

自信使珍妮在學校裡出類拔萃，她多次獲得高額獎學金，還獲得學校演講比賽第一名。她到當地一家電視臺當了一次嘉賓，就被導演看中，不久，成了這個節目的業餘小主持人。

是什麼讓小珍妮有如此大的自信呢？用珍妮的話說就是：我的自信正是來自我的媽媽。媽媽從不給我任何壓力，而是在一旁讚賞我已經走過的路程，幫我「數腳印」。作為一個普通的媽媽，她是怎樣幫助女兒樹立自信心的呢？仔細思考之後，母女二人總結出自己的經驗：

今天比昨天強。媽媽常對女兒說的一句話是：「只要今天比昨天強就好。」自信源於成功的暗示，恐懼源於失敗的暗示。人積極的暗示一旦形成，就如同風帆會助你成功；相反，人消極的心理暗示一旦形成，又不能及時消除，就會影響一生的成功。

狐狸法則

培養孩子的獨立意識

狐狸世界的法則是：成年後就不能與父母住在一起，就不能靠父母養活，得自己去生活。我們必須懂得，這也是所有自然界的生存法則。如果你不知道如何生存，那麼你就將被大自然無情地淘汰。

狐狸法則

在一個嚴寒的冬天，狐狸富來普和萊拉真誠地相愛了。萊拉生了 5 隻小狐狸，他們在海邊的沙丘上建立起了一個愉快、幸福的家庭。為了讓孩子們能盡快地成長，富來普和萊拉日夜奔忙著尋找食物。

後來不幸的事接連發生，最小的琪尼塔雙目失明；梅雨季節孩子們飢餓的叫聲，使富來普和萊拉冒著生命危險去村子裡偷雞，萊拉不幸被夾子打中，腳被夾斷，萊拉因傷口感染離開了富來普和孩子們。

狐狸媽媽不幸去世後，富來普擔負起了撫養孩子的重任。牠沒有像母雞孵小雞那樣把孩子們保護在身下，而是讓牠們出去獨立生活。牠嚴厲地教育牠們，教給他們捕捉食物的方法，逃避危險的智慧，帶著牠們去做實習旅行。當小狐狸已經能獨自捕食的時候，牠們還想嬌滴滴地在爸爸身邊撒嬌，但富來普已經決定把牠們趕走。

在一個風雪交加的夜晚，富來普把剛學會走路和覓食的小狐狸全部趕到洞外。小狐狸站在風雪中淒厲地哀叫著，一次又一次試圖回到洞裡，可是每一次都會被堵在洞口的富來普咬出去。那些被富來普咬傷並被趕走的小狐狸眼中充滿著憂傷和委屈，然而富來普則是義無反顧的堅決和果斷。

雖然琪尼塔的雙眼已經瞎了，但是富來普也沒有給牠特殊的照顧，照樣把牠趕得遠遠的。因為富來普知道，沒有誰能養牠一輩子。小狐狸們從這一天起便長大了，那隻瞎眼的小狐狸也終於學會靠嗅覺來覓食。

當狐狸爸爸再一次看到自己孩子的時候，雖然 5 個孩子中只剩下了 2 個，但牠們已經變得更加健康強壯。

這是日本電影《狐狸的故事》中的場景，這是一個關於北方狐狸養育、教育孩子的故事。北方狐狸十分重視培育後代的獨立生存能力。小狐狸們在很小的時候，就開始學習如何捕食，當他們長大成熟後，老狐狸就不再允許牠們留在身邊，而是無情地驅趕出去，迫使牠們去獨立生活，去開拓新的生存領域。即便那些不能，或不願獨立生活的小狐狸跑回來哀求留下時，老狐狸們也是毫不留情地又把牠們趕走。

狐狸世界的法則是：成年後就不能與父母住在一起，就不能靠父母養活，得自己去生活。我們必須懂得，這也是自然界所有動物的生存法則。如果你不知道如何生存，那麼你就將被大自然無情地淘汰。如果你在父母身邊永遠有所依靠，那麼當你有朝一日獨立去面對這個世界的時候，你就將無所適從。

據說小鷹長到一定程度以後，牠們的父母會讓那些小鷹們在懸崖峭壁上一字排開，然後被其父母一個個地推下懸崖。會飛的適者生存，不會飛的物競天擇，縱然摔向谷底粉身碎骨，威嚴的老鷹父母也絕不會有一絲一毫的動搖。

狐狸和老鷹讓人類懂得了生命應該以何種方式在這個世界上存在。動物是靠本能中的天性來實現牠對下一代的愛的，儘管有些殘酷，但這就是動物為了族類持續生存的天然法則。就像達爾文所說的那樣：物競天擇，適者生存。

再試一次

羅賓是布萊爾的好朋友，在羅賓結婚 5 年後，太太為他生了個金髮碧眼的女兒。他開心得像個孩子，逢人就說他女兒多麼可愛，真是頂在頭上怕摔著，含在嘴裡怕化了，寵愛得不得了。

「你很愛你的女兒。」布萊爾也有一個近一歲的兒子，他能理解羅賓的舉動，「小傢伙一定很可愛。」

「當然，」羅賓高興得眉飛色舞，「哪天讓你見見我的小天使。」

萬聖節放假時，羅賓約布萊爾一家到郊外去玩。他終於見到了羅賓的女兒，才 7 個月大，果然像個小天使一樣可愛。

野餐時，他們鋪了張大地毯，布萊爾的妻子把兒子抱在懷裡，時刻注意他的動向。兒子哭了，妻子馬上取過奶瓶；爬出地氈，她立即把他抱回來……整個野餐中，妻子的目光幾乎沒離開過孩子。

吃過飯，布萊爾和妻子更是一切圍著兒子轉。而羅賓夫婦就不同了，他們吃飯時，珍妮哭了，羅賓為她送去一瓶水，讓她自己捧著，含著奶嘴喝；野餐後，他們乾脆把孩子扔在地毯上，夫妻倆手挽著手，像戀愛中的年輕人一樣，東遊西逛去了。

布萊爾的妻子很生氣，認為羅賓夫婦把她當成免費的保母，讓她照顧他們的孩子來了。可是布萊爾卻不這麼認為，羅賓絕不是這樣的人。

不過在回去的路上，布萊爾當面向羅賓提出這個疑問。羅賓聽了，也不做任何解釋，直接把布萊爾夫婦拉到了他們家。進了房間，羅賓就將一張影碟放進了 DVD 機，一按按鈕，電視螢幕上出現這樣的畫面：一個美國媽媽用兒童車推著一個小男孩逛超市，從有冷氣的超市裡，走到陽光高照的大街上，這個小男孩一直在睡著。回到家，媽媽馬上把小男孩放到了一張小床上。當小男孩哭時，媽媽先是檢查了一下他的尿片，接著遞給了他一瓶奶。小男孩手捧著瓶子喝完奶，自己玩起了床頭的玩具。

眨眼的工夫，畫面上那個嗷嗷待哺的小男孩長到了 1 歲多，他像模像樣地自己用湯匙吃飯。一不小心，他的臉撞進了食物盤裡，他抬起髒兮兮的臉，驚恐地瞪大眼睛。外出時，小男孩跟在媽媽身後，跌跌撞撞地走著。忽然，一下子跌倒在地，媽媽開心地笑著，等在一旁，而小男孩也笑著爬了起來……

「太殘忍了。」布萊爾的妻子抱緊兒子，「這樣對待孩子，他心裡會有陰影的。」

「不會啊，」羅賓愕然地說，「這也是我們養育孩子的方法。」

「我還是認為，這個孩子的媽媽並沒有盡到應盡的責任。」布萊爾的妻子不理布萊爾對她的暗示，一口氣說了出來。

「噢，」羅賓笑了，「她就是我媽媽，而那個男孩子就是我。」

在美國，這樣的教子方式是最正常不過的事情。美國人普遍認為，人一生中最重要的有兩件事，一個是教育，另一個就是獨立。

在美國公園的水泥地面上，我們經常可以看見蹣跚學步的小孩子摔倒在地上的情景，如果正值夏天，有些孩子裸露出來的膝蓋還會磕出一片暗紅的血印。孩子抬起頭望望父母的反應，如果父母很快跑來抱起他，心疼地安慰、揉撫他，他便會委屈地哭起來；如果大人以很鼓勵的態度說：「要不要再試一試？」孩子會很快爬起來，又接著練起來。孩子摔痛了，父母當然很心疼，但這是孩子自己的生活，自己的決定，父母應該尊重他的願望，不要過分干涉，讓孩子自己決定該怎麼做。

洛克斐勒是這樣教育孩子的

喜劇演員戴維·布倫納是美國最著名的諧星，他在自己的事業上取得了輝煌的成就，他的故事成了所有父母培養子女獨立品格的典範。

當有人問他成功的祕訣時，戴維說起了他那一生中最珍貴的禮物。戴維出生於一個非常富有的家庭。當他中學畢業時，許多同學的家長都給自己的孩子一份厚重的禮物，有的是新服裝，有的甚至得到了新轎車。

當戴維問父親自己可以得到什麼禮物時，父親從衣袋裡掏出一枚小硬幣，輕輕放在兒子手上，語重心長地說：「用它去買一張報紙，一字不漏地讀一遍，然後在廣告欄找一份工作，自己去闖一闖吧，它現在已經屬於你了！」

「我一直以為這是父親跟我開的一個天大的玩笑。幾年後，我去部隊服役，當我坐在傘兵坑道裡認真回憶我的家庭和我的生活時，才意識到父親給了我一份什麼樣的禮物。我的那些朋友得到的只不過是新衣服或者新轎車，但是父親給予我的卻是整個世界，這是我得到的最好的禮物。」已經小有成就的戴維如是說。

在美國，有一些學生的家庭經濟並不困難，但家長卻執意讓自己八九歲的孩子去打工賺零用錢，他們的目的就是要培養孩子自力更生、勤儉節省的習慣。洛克斐勒就是其中之一。

洛克斐勒很小的時候就開始靠替父親做「雇工」—— 清晨到田裡忙農務賺零用錢，有時還幫著母親擠牛奶。此外，洛克斐勒還專門有一個用於記帳的小本子，將自己的工作按每小時 0.37 美元記入帳，然後再與父親結算。他做這件事很認真，因為他感到這件事既神聖又趣味無窮。

更有意思的是，洛克斐勒的第二代、第三代乃至第四代都嚴格照此方法教育孩子，而且還要定期檢查他們做事的效果。否則，誰也別想得到一分零用錢。

洛克斐勒的家族之所以讓孩子這樣做，並非家中一貧如洗，也不是父母有意苛待孩子，而是為了從小培養孩子艱苦自立的品格和勤勞節儉的美德。那小費本上記載的不僅僅是孩子打工的流水帳，更是孩子接受考驗和磨難的經歷！

作為父母，我們送給孩子的禮物應該是有助於他打開世界之門的鑰匙，而不是籠子中的食物。愛孩子就要給他一片自由翱翔的天空，去經歷風雨，去感受絢爛彩虹。很多父母捨不得讓孩子獨立去外闖蕩，生怕這裡碰了，那裡撞了，殊不知，羽翼之下，孩子的膽量會越變越小，依賴心則越來越大。

再富也要「窮」孩子

曾有一位亞裔母親講過這樣一個故事：

她到雪梨一家婦產科醫院前去就醫，看見一對夫妻來做二胎產前檢查，妻子進診室見醫生去了，丈夫便帶著 2 歲的女兒在外面大廳等候。

一會兒，女兒鬧著要喝水，於是父親便在身旁的自動販賣機上順手扯了一個免費紙杯，衝進廁所接了一杯自來水便遞到孩子手裡（自來水經過淨化，可以飲用）—— 父親不是買不到飲料，自動販賣機正出售一元一杯的可口可樂和柳橙汁，而他也不是買不起飲料，據說，他是一家體育用品公司的主管，年薪 15 萬澳幣。

在澳洲，中學和小學的午餐可以在學校餐廳購買（學校餐廳只出售漢堡之類的速食），也可以自帶。但自帶的占了大多數，一般是一瓶可樂再加一個漢堡和一顆水果。孩子們外出旅遊，如需用餐也不過是光顧既便宜又實惠的「麥當勞」。如果僅從孩子們所帶的食物上來判斷，你無論如何是判斷不出其家境是貧窮還是富裕的。

其實，澳洲人的「再富也要『窮』孩子」的理念並非刻意為之，用他們的話來說，不過就是「為未來著想」—— 孩子們長大了早晚要離開父母去自闖一片天地，與其讓他們那時面對挫折惶惑無助，倒不如讓他們從小摔摔打打，「窮」出直面人生的能力和本事。

中國有一句老話叫「授人以魚，不如授人以漁」，幫助別人的最好辦法不是不斷地施捨，而是教會他生存的本領。用到教育孩子方面，父母不應該過分嬌慣孩子，甚至為其留下萬貫家產，而應該教會他們獨立生存的手段，只有這樣，孩子們才能在父母老去之後，依然可以長久地擁有自己的幸福。

事實上，越來越多的富翁們也開始傾向於「給孩子工具箱，而不是萬貫家產」的教育方式。他們的首選遺贈對象是慈善事業，而不再是孩子。

富翁查克．菲尼（Chuck Feeney）前後捐出 41 億美元，這幾乎是他所有的錢。他留給 5 個子女的僅僅是各設一份為數不多的信託基金。當年出身寒苦的菲尼在透過與同學合開機場免稅連鎖店獲得巨大利潤後，決定以匿名方式助學解困。最初捐一二十萬，後來上百萬地捐。在給母校總計 5,000 多萬的捐款中，他指定資助家境貧寒而成績優良的學生。因為資助額度越來越高，菲尼感覺這種匿名方式遲早會被發現，便又與律師精心策劃，把 35 億美元資產不可逆轉地一次性捐出，在百慕達成立了大西洋慈善基金會。

世界首富比爾蓋茲也宣布，他將留給兒女每人 1,000 萬美元，剩下的全捐給慈善機構。目前蓋茲擁有的股票價值 185 億，給子女的還不足零頭。美國第二富翁巴菲特雖然沒有明確到給孩子們多少錢，但也曾多次暗示不會很多。

富翁們都這樣認為：把鉅額金錢留給孩子們，最終將使孩子的創造力和生命力枯萎。他們試圖尋找一個範圍，一個不放縱孩子，同時又給予他們關愛的範圍。在這個充滿機遇的時代，只要肯努力、肯付出，孩子們能夠比父母做得更好。有經濟學家曾對擁有 15 萬美元以上遺產的繼承人做過調查，結果顯示，幾乎 20% 的調查對象停止了工作，他們不需要賺錢養活自己求生存，過多的遺產使得他們生活浪費而沒有追求。

鮎魚效應

培養孩子的競爭意識

競爭的力量會讓一個人發揮出巨大的潛能，創造出驚人的成績，尤其是當你的競爭對手強大到足以威脅生命的時候。如果不鼓勵孩子參與競爭，就很難開發他們的潛能，更不用說發掘出人生的深層意義和享受美好的人生。

鮎魚效應

很久以前，挪威人從深海捕撈的沙丁魚，總是還沒到達海岸都已經口吐白沫，漁民們想了無數的辦法，想讓沙丁魚活著上岸，但都失敗了。然而，有一條漁船卻總能帶著活魚上岸，他們帶來的活魚自然比死魚貴出好幾倍。

這是為什麼呢？這條船又有什麼祕密呢？

後來，人們才發現其中的奧祕，原來他們在沙丁魚槽裡放進了鮎魚。鮎魚是沙丁魚的天敵，當魚槽裡同時放有沙丁魚和鮎魚時，鮎魚出於天性會不斷地追逐沙丁魚。在鮎魚的追逐下，沙丁魚拚命游動，激發了其內部的活力，從而活了下來。

與此相似，日本也有一個漁夫故事。

日本的北海道盛產一種味道珍奇的鰻魚，海邊漁村的許多漁民都以捕撈鰻魚為生。鰻魚的生命非常脆弱，只要一離開深海區，要不了半天就會全部死亡。

有一位老漁民天天出海捕撈鰻魚，奇怪的是，返回岸邊之後，他的鰻魚總是活蹦亂跳。而其他捕撈鰻魚的漁戶，無論怎樣對待捕撈到的鰻魚，回港後全是死的。

由於鮮活的鰻魚要比冷凍的鰻魚貴出一倍，所以沒幾年工夫，老漁民一家便成了遠近聞名的富翁。周圍的漁民做著同樣的事情，卻一直只能維持簡單的溫飽。

原來，鰻魚不死的祕訣，就是在整倉的鰻魚中，放進幾條狗魚。

鰻魚與狗魚非但不是同類，還是出了名的死對頭。幾條勢單力薄的狗魚遇到成倉的對手，便驚慌地在鰻魚堆裡四處亂竄，這樣一來，一倉死氣沉沉的鰻魚被全部啟用了。

這就是「鮎魚效應」的由來，「鮎魚效應」告訴我們，競爭可以啟用人們內在的活力。在孩子的教育中同樣如此，父母和師長們應該培養孩子積極的競爭意識，給孩子一個競爭的舞臺，充分發揮他們的潛能，鼓勵他們永遠以積極的態度對待自己的人生。

假如沒有競爭，老虎也會失去霸氣

在秘魯的國家級森林公園，生活著一隻年輕的美洲虎。

由於美洲虎是一種瀕臨滅絕的珍稀動物，全世界僅存 17 隻，為了更好地保護這隻珍稀的老虎，秘魯人在公園專科門建造了一個虎園。這個虎園占地 20 平方公里，並有精心設計的豪華的虎房。

虎園裡森林茂密、百草芳菲、溝壑縱橫、流水潺潺，並有成群人工飼養的牛、羊、鹿、兔供老虎盡情享用。凡是到過虎園參觀的遊人都說，如此美妙的環境，真是美洲虎生活的天堂。

然而，讓人感到奇怪的是，從沒人看見美洲虎去捕捉那些專門為他預備的活食，也沒人見牠王氣十足地縱橫於雄山大川，嘯傲於莽莽叢林，甚至未見過牠像模像樣地吼上幾聲。與此相反，人們常看到牠整天待在裝有冷氣的虎房裡，或打瞌睡，或耷拉著腦袋，睡了吃，吃了睡，無精打采。

有人說牠也許太孤獨了，若有個伴，或許會好些。於是，秘魯政府透過外交途徑，從哥倫比亞租來一隻母虎與牠做伴，但結果還是老樣子。

有一天，一位動物學家到森林公園來參觀，見到美洲虎那副懶洋洋的樣兒，便對管理員說：「老虎是森林之王，在牠所生活的環境中，不能只放上一群整天只知道吃草、不知道獵殺的動物。這麼大的一片虎園，即使不放進幾隻狼，至少也應放上兩隻豺狗，否則，美洲虎無論如何也提不起精神。」

管理員們聽從了動物學家的意見，不久便從別的動物園引進了幾隻美洲豹。這一招果然奏效，自從美洲豹進虎園的那一天，這隻美洲虎再也躺不住了。牠每天不是站在高高的山頂憤怒地咆哮，就是有如颶風般俯衝下山崗，或者在叢林的邊緣地帶警覺地巡視和遊蕩。老虎那種剛烈威猛、霸氣十足的本性被重新喚醒。牠又成了一隻真正的老虎，成了這片廣闊的虎園真正意義上的森林之王。

美洲虎的慵懶柔弱，顯然是動物園管理人員的「精心呵護」造成的。舒適的虎園讓它缺乏競爭的動力與激情，心甘情願地過著安逸祥和的生活，可是，整日埋頭苦睡的美洲虎，與一隻溫柔的大貓又有什麼區別？家長們應該反思，自己是不是在部分或者全部地重複秘魯國家動物園的故事呢？

課堂上的「鮎魚效應」

古往今來，課堂是由老師主宰的，學生只能正襟危坐，洗耳恭聽。老師講到哪，學生就聽到哪，不可越雷池半步。

後來，學生隨老師所問，舉手獲准後可以發言。可是在課堂中，往往就有這麼幾個「壞」學生，激動起來喜歡接著老師的話往下說，忽視了舉手這個小小的環節。這就是人們常說的「插嘴」。

「插嘴」讓老師頭痛，因為它打破了安靜的課堂氣氛，而且經常會突然打亂老師事先準備好的授課次序。

從某種程度上說，學生在課堂上的「插嘴」現象也是「鮎魚效應」的一種展現。插嘴的學生大多數是認真聽講、積極思考，情不自禁地主動發言。他們積極主動參與課堂教學，主動自覺讀書。這遠比那些想著如何做好才能受到老師表揚，張著嘴等老師「餵知識」，甚至於「身在曹營心在漢」的學生要好得多。大家都很清楚，老師的「教」要為學生的「學」服務，課堂上出現學生生動活潑主動求知的場面，是每個老師所追求的理想效果。而插嘴的學生正起了「鮎魚」的作用，由於他們的情不自禁，一大批學生的學習積極性被調動了起來。

因為問題是他們發現的，解決的熱情也開始升溫，這要比老師給你問題，讓你解決的效果好得多。如果課堂上能多幾次這樣的「插嘴」，氣氛將會很快地活躍起來。這種「插嘴」，可以縮短師生之間的心理距離，使老師、學生在課堂教學中處於和諧的互動活動狀態。

分蘋果的故事

美國一位心理學家為了研究母親對人一生的影響，在全美選出 50 位成功人士，他們都在各自的行業中獲得了卓越的成就，同時又選出 50 位有犯罪紀錄的人，分別寫信給他們，請他們談談母親對自己的影響。有兩封回信給心理學家的印象最深刻。一封來自白宮一位著名人士，一封來自監獄一位服刑的犯人。他們談的都是同一件事：小時候母親為他們分蘋果。

那位來自監獄的犯人在信中這樣寫道：小時候，有一天媽媽拿來幾顆蘋果，紅紅綠綠，大小不同。我一眼就看見中間的那個，又紅又大，非常想要。這時媽媽把蘋果放在桌子上，問我和弟弟：你們想要哪個？我剛想說要最大最紅的那個，這時弟弟搶先說出我想說的話。媽媽聽了，瞪了他一眼，責備他說：「好孩子要學會把好東西讓給別人，不能總想著自己。」於是，我靈機一動，改口說：「媽媽，我想要那個最小的，最大的留給弟弟吧。」媽媽聽了非常高興，在我的臉上親了一下，並把那個又紅又大的蘋果獎勵給我。我得到了我想要的東西，從此，我學會了說謊。

那位來自白宮的著名人士是這樣寫的：小時候，有一天媽媽拿來幾顆蘋果，紅紅綠綠，大小不同。我和弟弟們都爭著要大的，媽媽把那個最大最紅的蘋果舉在手中，對我們說：「這個蘋果最大最紅最好吃，誰都想要它。很好，現在，讓我們來做比賽，我把門前的草坪分成三塊，你們三人一人一塊，負責修剪好，誰做得最好，誰就有權利得到它！」

我們三人開始比賽剪草，結果我贏得了那顆最大的蘋果。我非常感謝母親，她讓我明白一個最簡單的也最重要的道理：要想得到最好的，就必須努力爭第一。她一直都是這樣教育我們，也是這樣做的。在我們家裡，你想要什麼好東西要透過比賽來贏得，這很公平，你想要什麼，要多少，就必須為此付出多少努力和代價！

同樣的蘋果，在兩個不同的媽媽手中，塑造了兩個截然不同的人生。人們都渴望得到美好的東西，孩子們尤其如此。孩子的心靈是純潔的，他們本不懂得什麼是陰謀與手段，錯誤的教育使他們具備了耍手腕的能力。

我們希望孩子具有競爭的意識和能力，但前提是一定要正當和公平。父母應該利用孩子的需求，對孩子加以正確引導，使之懂得正當的索取與付出之間的關係，從小就培養起公平競爭的美德。違背人的天性的教育，必然造就扭曲的人格；錯誤的競爭意識的灌輸，必然培養出陰險虛偽的孩子。

天鵝效應

溺愛是一種傷害

漁翁夫婦無論如何也沒有想到，習慣被他們保護的天鵝，一旦失去他們的懷抱，結局將是十分悲慘的。在這個世界上，人人都讚美無私的愛，可是，有時愛也是一種傷害，並且是致命的。

天鵝效應

山腳下有一個湖，當地人叫它天鵝湖。天鵝湖中有一個小島，島上住著一位老漁翁和他的妻子。平時，漁翁搖船捕魚，妻子則在島上養雞餵鴨。除了買些油鹽，平時他們很少與外界往來。

有一年秋天，一群天鵝來到島上。牠們是從遙遠的北方飛來，準備去南方過冬的。老夫婦見到這群天外來客，非常高興，因為他們在這裡住了那麼多年，還沒有見誰來拜訪過。

漁翁夫婦為了表達他們的喜悅，拿出餵雞的飼料和打來的小魚，於是這群天鵝就跟這對夫婦熟悉起來。在島上，牠們不僅大搖大擺地走來走去，而且在老漁翁捕魚時，牠們還隨船而行，嬉戲左右。

冬天來了，這群天鵝竟然沒有繼續南飛，牠們白天在湖上覓食，晚上在小島棲息。湖面封凍，牠們無法獲得食物，老夫婦就敞開他們茅屋的門，讓牠們在屋裡取暖，並且給牠們吃的，這種關懷每年都延續到春天來臨，直至湖面徹底解凍。

日復一日，年復一年。這對老夫婦就這樣奉獻著他們的愛心。

有一年，他們老了，離開了小島，天鵝從此消失了。不過牠們不是飛向了南方，而是在第二年湖面封凍期間餓死了。

故事中漁翁夫婦對天鵝的愛，絕對是無私而又真摯的，畢竟這些漂亮可愛的小生靈給孤寂的他們帶來了慰藉與歡樂，幫助他們排遣了心靈的寂寞。在寒冷的冬天裡，不能適應北方嚴寒的天鵝肯定也需要他們的照顧與呵護。可是漁翁夫婦無論如何也沒有考慮到，習慣他們愛護的天鵝一旦失去了他們的懷抱，結局將是十分悲慘的。

在這個世界上，人人都讚美無私的愛，可是，有時愛也是一種傷害，並且是致命的。為了讓父母記住這個教訓，我們把父母那種無私的溺愛而導致子女的無能稱為「天鵝效應」。

溺愛帶來無能

有個小孩上了高中，要住宿，讓孩子的爸爸十分煩惱，不為別的，就為孩子每天起床這件天大的事。這位爸爸還真有辦法，自己不能每天跑30多公里的路來把孩子從被窩裡拉起來，就把這光榮而又艱鉅的任務交給了孩子的「室友」，每天起床的時候由室友推他。那位爸爸也不讓人家白做工，聲稱可以「按月付酬」。

上面這位爸爸的腰包看來是夠鼓的，為了孩子可以不惜金錢。但要比起誰更愛孩子，下面這位爸爸則做得更絕，他不僅不惜金錢，甚至不惜自己的身體與尊嚴。

某學校帶學生去遠足，有一位家長寫了一張紙條給教師，謊稱孩子身體不舒服。老師一問孩子，孩子說了實話。沒辦法，家長只得讓孩子去了，還替孩子準備了熟雞、肉、水果、罐頭、香腸、巧克力、飲料……真是應有盡有。這還不算，家長甚至特意請了假，騎車遠遠地在後面跟著學校的隊伍，怕孩子受委屈。到了晚上老師去查鋪，發現床底下有一個人，嚇了一大跳，原來是孩子的爸爸鑽在床底下。這位爸爸說：「孩子沒在外睡過覺，怕他翻身掉下來，我在這裡等著接他呢。」

愛孩子愛到這個份上，其用心之良苦真可謂空前絕後了，可是，家長們如此良苦的用心，帶來的結果卻不是想像中的那麼美好。

有媒體報導，一個20歲的大學生在與父親走散後，竟然連回家的路都不認識。乍一聽，這事好像是天方夜譚，但遺憾的是，這就是發生在你我身邊的不折不扣的事實。

過去，人們常以「書呆子」來譏諷讀書人，說得再形象些就是「四體不勤，五穀不分」等諸如此類。但再怎麼「兩耳不聞窗外事，一心只讀聖賢書」也不會像這位大學生這般「不食人間煙火」吧？如此沒有生活自理能力，又怎麼能在競爭日趨激烈的社會中站穩腳跟，博得一席之地呢？

上文中兒子之「迂」，過錯並不全在自身，為人父母者更應深刻檢討一番。就這則新聞而言，兒子找不到家，父母應該承擔主要責任。從來都沒有單獨出過門，上大學後每次回家、返校均由父親親自接送，飯票也是由父親去換，在這種茶來伸手、飯來張口的日子裡，長成的也只會是溫室裡的花朵，經不起風吹雨打。做父母的愛子心切固然可以理解，但你們可以照顧孩子一時一事，畢竟不能照顧他一生一世。今日的溺愛也許正埋下了日後孩子吃苦受罪的種子。

溺愛帶來軟弱

冰凍三尺，非一日之寒。孩子們軟弱性格的形成，與幼兒期時父母的錯誤教育有著直接的關係。

在一個秋高氣爽的星期天，來自全東京的3,500名童子軍，集合在當地的一個運動場上，舉行一個開幕典禮。典禮還沒進行到一個小時，蹲著聆聽致辭的孩子們就陸續有人暈倒，總數達到了11人。

後來，小學五年級以下的小童子軍們也來參加，為了活躍氣氛，主辦方舉行了「破氣球遊戲」，規則很簡單，就是自己腳上綁著氣球，再去對方隊伍中把他們的氣球踢破。可是，遊戲過程中，孩子們只是列隊哇哇叫嚷著，大多不想積極地衝入對方的陣地，去多踢破一個氣球。看了這種情形，主辦方為了替孩子們「打氣」，也加入了這場遊戲，而且他們踢得都很專心，可是孩子們並沒有因此而受到刺激，他們以一副鎮靜的表情觀望著，好像在說：「這麼大的人了，還那麼快樂幹什麼！別踢傷了才好。」

平常受過嚴格童子軍訓練的學童尚且如此，那些沒有受過訓練的孩子，就更可想而知了。常常聽說，在學校運動會上，有很多孩童連 50 公尺賽跑都跑不完，甚至有的稍一跌倒就骨折，讓救護人員忙得不可開交。此外，不會吊單槓、不會跳箱、不會爬竿的孩子更是數不勝數，如果老師想做個示範，他們反而會勸老師：「危險，還是別做比較好！」膽小懦弱，缺乏競爭意識和競爭能力，似乎已經成了當今孩子的通病。

有很多父母由於對孩子過分溺愛，在應該嚴加管教的時候不嚴加管教，把教育的責任通通推給幼稚園與學校。上體育課時，孩子稍微受了點傷，父母就大驚小怪地要學校貼醫藥費。如果孩子被老師訓斥了一下，就更了不得了，輕則父母會和老師大吵大鬧，重則召集親友，向校方興師問罪。如此一來，學校對一些孩子的錯誤行為不敢管、不願管。孩子們長期處於這種環境中，養成嬌生慣養的心理和膽小懦弱的性格，自是理所當然的了。

有的家長說：「不是我不願管，我的孩子非常任性，不聽話，只做自己想做的事情。責備他一次就反抗一次，越來越不好對付了，實在是沒辦法。」

殊不知，孩子的任性也是父母培養出來的能力之一。有些父母，害怕孩子受一點挫折，看到孩子摔倒哭了，急忙奔跑過去把孩子抱在懷裡，心肝寶貝地哄著。當然，這樣做本身並不完全是什麼壞事，但不管任何場合都用上這樣的方法，就會培養孩子的任性心理。孩子長大以後，不管做了什麼事，父母都不願給他一點責備，任其為之，於是在不知不覺中更助長了孩子的任性行為。

天下的父母都愛孩子，卻未必會愛孩子。過分的關心溺愛，實際上是剝奪了孩子遭受適當挫折、困難和學習愛護別人的權利。這樣的孩子從小只會享受，不知奉獻，心中只有自己，沒有他人，不管在身體還是精神上，都十分的軟弱。

溺愛帶來任性

最新的研究結果顯示，那些太多太快得到物質需求滿足的孩子，長大成人後難以應對人生的挫折。他們有種扭曲的權力感，阻礙他們在工作單位和人際關係中取得成功。心理學家說，對孩子放縱的家長實際上可能會使他們將來更易於焦慮和沮喪。

有一個被寵壞的孩子，他說他很愛這個世界——家庭條件那麼好，爺爺奶奶爸爸媽媽又疼他，成績也不錯，人長得還好看……小時候的一個晚上，媽媽帶他去朋友家串門。回到家，他突然發現一直捏在手裡的一塊糖不見了。那塊糖是媽媽的朋友給的，他家沒有這樣的糖，但是他要！他倒在地上大哭。爺爺奶奶爸爸媽媽實在心疼，便帶上手電筒，全家出動，沿著來路進行「地毯式」大搜索。眼看到了12點了，糖還是沒有找到。媽媽看著因絕望而哭得死去活來的孩子，終於硬著頭皮敲響了朋友家的門。

他要什麼就一定能得到什麼。後來他長大了，想要一個女朋友。但是他看上的女孩根本看不上他，他不再躺地打滾，而是拿起一把刀子割破了自己的手腕……在醫院，他被搶救過來。但是他又開始絕食。父母哭著對他說，你想把我們急死是不是？不就是一個女孩嗎？你人生的路還長著呢，好女孩多的是。他恨恨地說，但是我就想要她！

是的，從沒有過挫敗感的心憑什麼不可以歇斯底里地瘋狂叫囂「我要」！得到了是天經地義，得不到就自傷自殘。從一塊無理的糖開始，那個孩子就被無休止的溫柔滿足著，直至失去了人形。

隨著獨生子女家庭越來越多，許多父母任意地溺愛孩子，過多地滿足孩子的一切物質要求。這種以孩子為中心無原則給予的愛，勢必會使孩子在生活、學習中以自我為中心，缺乏社會責任感，在生活中也毫無尊重他人的概念，異常任性和粗暴。

專家們對溺愛孩子的家長提出警告：溺愛即是害，對孩子的物質需求不加約束是愚蠢的行為，放縱孩子將使他們難以應對未來人生的挫折。不要讓孩子過養尊處優的生活，應當從小培養孩子獨立、健全的人格，使之對家庭對社會有責任感和使命感。

有句成語叫「過猶不及」，凡事「過分」都會帶來很大的害處。對孩子的愛也是如此，過分的溺愛會造成孩子心靈世界的荒蕪，甚至形成人格方面的缺失，走上社會後與周圍的人格格不入，有的甚至會走向反面，落個悲慘的結局。

刻板效應

摒棄對孩子的偏見、成見

有些父母，總是記著孩子的「不是」與「錯誤」，對孩子已經形成一種不成才的刻板印象，當孩子進步後還是以原來的語言去評價孩子，對孩子形成偏見、成見，既傷害了孩子的自尊，也影響了父母在孩子心目中的形象。

刻板效應

有人出了這樣一個問題請眾人回答：

一位警察局長在路邊和一位老人談話，這時跑過來一位小孩，急促地對警察局長說：「你爸爸和我爸爸吵起來了！」老人問：「這孩子是你什麼人？」警察局長說：「是我兒子。」

請問：這兩個吵架的人和警察局長是什麼關係？

這一問題，在調查的100名受試者中只有兩人答對！調查者後來向一個三口之家問這個問題，父母沒答對，孩子卻很快答了出來：「局長是個女的，吵架的一個是局長的丈夫，即孩子的爸爸；另一個是局長的爸爸，即孩子的外公。」

為什麼那麼多成年人對如此簡單的問題解答反而不如孩子呢？這就是「刻板效應」，換句話說就是「定勢效應」，即依照自己固有的看法，警察局長應該是男的，從男局長這個心理定勢去推想，自然找不到答案。而小孩子沒有這方面的經驗，也就沒有刻板心理定勢的限制，因而一下子就找到了正確答案。

人們不僅在思考和解決問題時會出現「刻板效應」，在認識他人、與人交往的過程中也會受心理定勢的影響。蘇聯心理學家曾做過這樣一個經典的實驗：

實驗者向參加實驗的兩組大學生出示同一張照片，但在出示照片前，向第一組學生說：這個人是一個怙惡不悛的罪犯；對第二組學生卻說：這個人是一位大科學家。然後他讓兩組學生各自用文字描述照片上這個人的相貌。

第一組學生的描述是：深陷的雙眼表明他內心充滿仇恨，突出的下巴證明他沿著犯罪道路頑固到底的決心……

第二組的描述是：深陷的雙眼表明此人思想的深度，突出的下巴表明此人在人生道路上有克服困難的意志……

對同一個人的評價，僅僅因為先前得到的提示不同，描述的結果竟然有如此戲劇性的差距。生活中常可見到這樣的例子：青年人往往認為老年人墨守成規，而老年人又往往認為青年人舉止輕浮；教授總是白髮蒼蒼、文質彬彬，工人則是身強力壯、舉止豪爽等。

由此可見，刻板效應就是人們頭腦中存在的關於某一類人的固定印象的心理現象。刻板效應普遍存在於人類生活的各個角落，當然，在家長和老師教育孩子這方面也不例外。

現實生活中，很多家長和老師普遍存在著對學生社會角色期望的偏差。好孩子就是聽話，否則就不是好孩子；「好學生」的標準就是「功課好」，而功課好的標準就是成績好。家長、老師存在的「刻板效應」對孩子的成長和角色發展都帶來了很大的傷害和消極的影響。

曾經有位平時功課不好的學生有一階段讀書特別刻苦，在期末考試時成績特別突出，知道考試成績後，孩子的父母說：「成績是不錯，但你作弊了嗎？」

由於父母平時對孩子已經有了「孩子成績差」這樣一種刻板的印象，在孩子進步後還是以原來的標準去評價孩子，對孩子造成偏見、成見的錯誤認知，既傷害了孩子的自尊，也影響了父母在孩子心目中的形象。

蘇東坡和佛印

在一家出版社的選題討論中，出現了這麼一種有趣的現象，編輯們分別列出了他們認為最重要的一個選題，它們分別為：

編輯 A 正在參加成人教育以攻讀第二學位，他選的是「怎樣寫畢業論文」；編輯 B 的女兒正在上幼稚園，她的選題是「學齡前兒童教育叢書」；編輯 C 是圍棋迷，他的選題是「許皓鋐棋路分析」……

心理學研究發現，人們在日常生活中常常不自覺地把自己的心理特徵（如個性、好惡、欲望、觀念、情緒等）歸屬到別人身上，認為別人也具有同樣的特徵，如自己喜歡說謊，就認為別人也總是在騙自己；自己自我感覺良好，就認為別人也都認為自己很出色。

由於「刻板效應」的存在，我們常常可以從一個人對別人的看法中來推測這個人的真正意圖或心理特徵。

中國宋代著名學者蘇東坡和佛印和尚是好朋友，一天，蘇東坡去拜訪佛印，與佛印相對而坐，蘇東坡對佛印開玩笑說：「我看見你是一堆狗屎。」而佛印則微笑著說：「我看你是一尊金佛。」蘇東坡覺得自己占了便宜，很得意。回家以後，蘇東坡得意地向妹妹提起這件事，蘇小妹說：「哥哥你錯了，佛家說『佛心自現』，你看別人是什麼，就表示你看自己是什麼。」

由於人都有一定的共同性，都有一些相同的欲望和要求，所以，在很多情況下，我們對別人做出的推測都是相對正確的，但是，人與人畢竟有差別，因此，推測總會有出錯的時候。在日常生活中，我們常常錯誤地把自己的想法和意願投射到別人身上：自己喜歡的人，以為別人也喜歡，總是疑神疑鬼；父母總喜歡為子女設計前途、選擇學校和職業。

尷尬的日本商人

在古代漫長的封建社會中，父母常把孩子當作手中的泥人，認為想把他捏成什麼樣，他就應該成什麼樣。片面產生主觀，而謬誤又常常跟隨著片面和主觀而來。有這麼一個故事，很能說明由於片面、主觀的意識而帶來的意識偏差：

有一天，一位日本商人請一位猶太畫家在飯館吃飯。賓主坐定之後，畫家趁等菜之際，取出紙筆，替坐在邊上談笑風生的飯館女主人畫起速寫來。不一會兒，速寫畫好了。畫家遞給日本商人看，果然不錯，畫得形神皆俱。

日本人連聲讚嘆道：「太棒了，太棒了。」聽到朋友的奉承，猶太畫家便轉過身來，面對著他，又在紙上勾畫起來，還不時向他伸出左手，豎起大拇指。通常，畫家在猜想人的各部位比例時，都用這種簡易方法。

日本商人一見畫家的這副架勢，知道這次是在替他畫速寫了。雖然因為彼此相對而坐，看不見他畫得如何，但還是一本正經擺好了姿勢。日本人一動也不動地坐著，眼看著畫家一會兒在紙上勾畫，一會兒又向他豎起拇指，足足坐了 10 分鐘後，畫家停下筆來，說道：「好了，畫完了。」

日本人鬆了一口氣，迫不及待地起身一看，不禁大吃一驚。原來畫家畫的根本不是那位日本商人，而是畫家自己左手大拇指的速寫。

日本商人連羞帶惱地說：「我特意擺好姿勢，你……你卻捉弄人。」猶太畫家卻笑著對他說：「我聽說你做生意很精明，所以才故意考察你一下。你不問別人畫什麼，就以為是在畫自己，還擺好了姿勢。單從這一點來看，你和猶太商人相比，還差得遠呢。」

這時候，日本商人才如夢方醒，明白過來自己錯在什麼地方——看見畫家第一次畫了女主人，第二次又面對著自己，就以為一定是在畫自己了。

日本商人的心理定勢使他遭受了猶太畫家的嘲弄，時常，我們內心固有的東西成了我們行為的羈絆，走在大街上，迎面而來的陌生人朝你微笑，我們的內心會忽然一動，然後也報之一笑，但卻發現陌生人的笑容給了你身後的人。人一旦形成了思維定勢，就會習慣地順著思維的定勢思考問題，不願也不會轉個方向、換個角度想問題，這是很多人的一種愚頑的「難治之症」。人們的這種毛病在日常生活中相當程度上影響了做事效率，同樣在教育孩子這方面，老師、家長固有的心理定勢對孩子也是有害無益。

有些家長為孩子設計發展方向時，根據自己的愛好或主觀推斷，很少考慮孩子的興趣和愛好。孩子明明喜歡天文知識，喜歡體育，家長卻硬要孩子去彈鋼琴、學攝影，並且不惜代價，置辦諸如鋼琴、相機之類的高級品，然後請專家向孩子「傳藝」，結果卻不盡如人意，既浪費了金錢，又浪費感情，並且還委屈了孩子。用主觀帶來的刻板印象，來決定孩子的一生，這是教育中的最大錯誤。

因材施教，從心理學的觀點看來，就是尊重個性。人心不同，各如其面，每個人有每個人的個性，即使同卵所生，其個性亦存在著差異。父母應像雕刻藝術家那樣，根據不同材料，就其形其勢，注入藝術的匠心，將他們雕成各式各樣的藝術品，把不同個性的孩子，培養成為社會各行各業的有用人才。

按成績排座位是個歪招

現實生活中，很多老師和家長不自覺地對孩子形成了一種刻板效應，尤其是對那些以前「公認」的「壞孩子」，大人們的這種偏見是對孩子心靈的暴力，嚴重阻礙了孩子愉快健康地成長。

有些教育程度不高的家長，一旦發現孩子三五歲時有不聰明的表現，七八歲時有蠢笨的舉止，便斷言「這孩子完了，這麼簡單的問題都不會，別指望他（她）有出息了！」與錯誤的失望隨之而來的，就是父母對孩子的愛驟然降溫，責罵痛打讓孩子隨時能夠領教。其結果，肉體施暴傷及皮肉，心靈施暴損毀自信，受傷的皮肉很快康復，受傷的心靈卻可能一輩子也難以癒合。

不管怎樣，孩子一生還有幾十年的前程，發展變化難以預料。作為家長，務必要摒棄「刻板效應」的束縛，萬不可以點代面、以偏概全、以惱怒代替理智，過早而盲目地斷言孩子的未來。

如果一個平時頑劣成性的孩子，因為某件事情觸動了他內心的情感，從而收斂了往日諸多「搗蛋」的行為，變得安靜溫順起來，那麼家長和老師就應該相信孩子的變化，讚賞孩子改變自己的勇氣。家長和老師每天都應該以全新的眼光來看待孩子，千萬不要用舊有的心態評判他們，成長中的孩子可塑性極強，過去不等於現在，更不等於未來。

一個最簡單最普遍的例子是老師按照學生的分數對學生進行分類，排座位。表面上看，排座位是一件不起眼的小事。但如果深入到孩子中去，你就會發現，這件小事不僅影響著學生，而且影響著學生的家長。

在教室裡，老師如果總也不排你在前幾排就座，那麼，就等於明白無誤地告訴你，你是班上的「陪讀」。在這裡，老師的影響力形成了一種可怕的誤導：沒有好的分數，就沒有希望。老師的這種以分論人的刻板做法是十分有害的，它挫傷了孩子讀書和進步的積極性，更重要的是孩子的心靈會因此而受到極大傷害。

在教育孩子的問題上，老師和家長不能對孩子抱有任何成見，任何時候都不要有「此子不可教也」的錯誤思想。這種態度會嚴重傷害孩子的自尊心，既不能使孩子充滿自信，也不利於孩子的其他方面的發展和成長。

躺平式父母，25 個心理學奇招「放養」優秀孩子：

倒 U 型假說 × 延遲滿足 × 破窗效應 × 路徑依賴，從環境影響到個人成長，讓孩子親身體驗「真實」的生活

作　　者：金文
責任編輯：高惠娟
發 行 人：黃振庭
出 版 者：樂律文化事業有限公司
發 行 者：崧博出版事業有限公司
E-mail：sonbookservice@gmail.com
粉 絲 頁：https://www.facebook.com/sonbookss/
網　　址：https://sonbook.net/
地　　址：台北市中正區重慶南路一段 61 號 8 樓
8F., No.61, Sec. 1, Chongqing S. Rd., Zhongzheng Dist., Taipei City 100, Taiwan

電　　話：(02)2370-3310
傳　　真：(02)2388-1990
律師顧問：廣華律師事務所 張珮琦律師
定　　價：375 元
發行日期：2024 年 12 月第一版
◎本書以 POD 印製
Design Assets from Freepik.com

國家圖書館出版品預行編目資料

躺平式父母，25 個心理學奇招「放養」優秀孩子：倒 U 型假說 × 延遲滿足 × 破窗效應 × 路徑依賴，從環境影響到個人成長，讓孩子親身體驗「真實」的生活 / 金文 著 . -- 第一版 . -- 臺北市：樂律文化事業有限公司, 2024.12
面；　公分
POD 版

電子書購買

爽讀 APP

臉書